现代家庭
教育丛书

家庭
游戏与玩具

田丽红　编著

广西科学技术出版社

图书在版编目（CIP）数据

家庭游戏与玩具 / 田丽红编著. —南宁：广西科学技术出版社，2012.8（2020.6重印）

（现代家庭教育丛书）

ISBN 978-7-80565-429-4

Ⅰ. ①家… Ⅱ. ①田… Ⅲ. ①家庭教育—游戏—基本知识 Ⅳ. ① G78

中国版本图书馆 CIP 数据核字（2012）第 192539 号

现代家庭教育丛书

家庭游戏与玩具

JIATING YOUXI YU WANJU

田丽红　编著

责任编辑	何杏华	**封面设计**	叁壹明道
责任校对	陈云云	**责任印制**	韦文印

出 版 人　卢培钊

出版发行　广西科学技术出版社

　　　　　　（南宁市东葛路 66 号　邮政编码 530023）

印　　刷　永清县晔盛亚胶印有限公司

　　　　　　（永清县工业区大良村西部　邮政编码 065600）

开　　本　700mm×950mm　1/16

印　　张　12

字　　数　155 千字

版次印次　2020 年 6 月第 2 版第 5 次

书　　号　ISBN 978-7-80565-429-4

定　　价　23.80 元

前　言

田丽红

　　当新生命躁动于母腹中的时候，即将为人父母的喜悦便会洋溢于小家庭的整个空间。喜悦降临时，养育的责任也便随之而来，年轻父母将要牵着孩子的手，让孩子蹒跚学步然后会奔跑。同时年轻父母也必须为培养未来的优秀社会公民、未来的社会建设者而尽心尽力，使孩子能茁壮成长，成为国家之栋梁。

　　当育人的工作刚刚开始之时，面对无知无识的孩子，作为孩子的第一任老师的家长在家庭这个特殊课堂里又将运用何种形式和方法来培养、教育孩子呢？游戏和玩具便是重要的方法之一。但在我国当前的家庭教育理论中，对家庭游戏与玩具的系统研究还处于萌芽时期，有目的地运用于家庭教育实际也做得很不够，特别是对玩具的系统研究更不多见，致使家庭游戏得不到起码的理解，儿童玩具在家庭中得不到有效的运用。有的家长认为，游戏和玩玩具只是孩子单纯的玩耍，因而忽视了它们重大的智力发展价值和个性品德的优化价值；有的家长把游戏活动神秘化，认为游戏只是幼儿教师的事，家长很难也没有必要去掌握它；还有的家长把游戏与玩玩具同学习知识对立起来，而要孩子把大量的时间用去静坐认字、背诵唐诗、绘画，或学习各种乐器，希望把孩子培养成为高智能的"神童"，成为画家、音乐家等等。有的甚至为此而采取种种强制手段去限制孩子的游戏活动。我们对这种教育和引导并非采取一概否认的态度，但家长们是否考虑到孩子身心发展的承受力？是否刺激超载？又是否考虑到合乎孩子的主观需要和全面发展的要求？现实生活中孩子砸琴、毁书等厌学行为乃至自残身体、服毒自杀的现象亦不乏其例。

可以这样说，当游戏和玩具出现在家庭的时候，它既是孩子进行学习的一种基本途径，也是父母对孩子进行良好教育的一种重要形式，是孩子精神生活中的一种创造性活动和愉悦的精神享受。就家庭游戏而言，父母和孩子既是编导，又是游戏中的角色，那一场场一幕幕的游戏活动过程便是一种创造性的艺术活动，对父母和孩子都有着极大的熏陶作用。家庭游戏的组织，儿童玩具的正确选择、制作和使用，在一定程度上反映了家庭文明程度的高低和精神素质的优劣。因此家庭游戏与玩具在家庭教育中是个不可忽视的重要内容，它具有其他教育方式不可替代的功能。为了推动我国的家庭教育，提高家庭教育的质量，促进孩子全面健康成长，我们编写了《家庭游戏与玩具》这本小册子奉献给家长们。

《家庭游戏与玩具》共分三章，第一章为家庭游戏、玩具与家庭教育的关系；第二章为家庭游戏的组织；第三章为玩具的选择、制作和使用。本书可作为广大家长的教科书，广大托幼工作者和幼师学生的教学参考资料。

中华全国家庭教育研究会理事、湖北省家庭教育研究会副理事长、华中师范大学儿童发展与教育研究室主任刘荣才教授对此书的编写给予了热情的指导和帮助。在本书的编撰过程中，我们还参考和引录了国内外有关专家学者对游戏、玩具研究的部分研究成果和文献资料。广西科学技术出版社的领导和编辑对本书给予了极大的支持。在此向他们致以衷心的感谢！

由于编者知识水平和实践经验的局限，尽管满怀良愿和热忱，但书中仍难免有不妥之处，恳望广大读者批评指正。

编著者

目　录

第一章 家庭游戏、玩具
与家庭教育的关系

第一节　概述

　　抚养、培育社会主义新一代，使他们健康成长为国家的有用人才，是一项艰巨的社会系统工程，家庭是每个人成长的第一所学校，家庭教育是这个系统工程的基础工程，对个体成才的过程有着不可低估的直接作用。

　　一个孩子从呱呱坠地到踏入社会，走上独立人生，其间有三分之二的时间在家庭、父母的羽翼下度过。由于这种血缘、抚养的亲情关系，使孩子与父母接触最早，相处时间也久，耳濡目染、潜移默化，孩子受到的影响也最深刻。不管父母有意还是无意，家庭教育客观上都是在进行着，孩子事实上也在接受教育。孩子的感知觉、记忆、思维、语言、情感、个性、品德及其他各种能力，要在与父母相处的成长期内才能很好地获得和发展。因而父母此间所承担的不仅是关注子女的生活、前途和家庭幸福的任务，而且承担着社会人口素质及国家民族能否兴旺发达的重要职责和义务。

　　当前，许多家长都深知自己所肩负的责任。他们爱子，望子成龙心切，为了完成自己的责任，千方百计地按照他们自己的理解和意愿，为孩子请家庭教师，买各种各样"揭示孩子成才的奥秘"和"开发智力"的书，或在劳碌的工作之余，匆匆忙忙丢下饭碗便送孩子上各类培训班，参加书法、绘画、乐器等的培训；或者对孩子进行超前教育，把学龄前孩子关在家里，提前教读小学课本，甚至不准看电视，限制孩子的玩耍等等。他们不吝钱财，不惜时间、精力，用心良苦。这些做法的效果究竟如何，是很值得研究的。或许对孩子某一方面技能的发展确有作用。但家庭教育作为一种综合体系，应该是有助于孩子身心各方面的发展，即家长所运用的家庭教育方法，应该既有助于孩子智力的发展，注意孩子的技能技巧的培养，又要注意培养孩子的意志、情感、个性、气质等非智力因素。人才学学者们将人才成长的普遍规律概括成"人才成功＝智力因素＋非智力因素"这样一个公式是极有道理的。心理学家、教育家们在研究了家庭教育的各种形式，包括各种学前儿童"智力提高班"、"启蒙知识课本"等教育方式和内容后认为，家庭游戏和玩具在家庭教育中具有其他教育形式所不可替代的作用。他们呼吁将这些最普通、最寻常而又具有悠久历史的活动形式和活动内容重新引入家庭，充分利用这一行之有效的传统教育方式来促进孩子的全面发展。

鲁迅先生曾说："游戏是儿童最正当的行为，玩具是儿童的天使。"鲁迅是作为一个文学家根据他自己的人生体验来评价游戏和玩具的。17世纪的捷克教育家夸美纽斯认为，游戏是早期教育的手段之一，是在母育学校时期对孩子进行全面教育的手段。苏联教育家马卡连柯指出："游戏在儿童生活中有着极重要的意义，具有与成人的活动、工作和服务同样重要的意义。"因此，他认为，未来的活动家的教育首先要在游戏中开始。可以说游戏是儿童认识周围世界的最重要的途径。而玩具则是儿童认识世界的工具。宋庆龄曾在一个玩具展览会的题词簿上这样写道："玩具是丰富儿童生活、激发儿童爱科学、爱劳动和对儿童进行共产主义教育的最有效的工具之一。"游戏和玩具是最符合儿童身心发展特点的教育手段，是儿童童年期不可缺少的伴侣。

1990年年初，上海市教育科学研究所对上海幼儿教育状况进行了一项调查，他们发现，上海市区有学龄前孩子的家庭总数的三分之二左右是三口之家，独生子女占99％，加之许多家长反对子女相互串门玩耍，形成了一个令人忧虑的问题：96％以上的孩子在家缺乏儿童伙伴，孩子普遍有孤独感，统一测试已显示出孩子们交往能力及对人和事的关心在同类大城市中较差。而95％以上的孩子家长对子女寄予过高期望，希望孩子将来能上大学、当研究生、出国留学。由此引起的后果将是：一方面，生活环境使孩子对世事人情的淡漠，严重影响了孩子的社会化进程及某些优良性格、品质的形成；另一方面，父母期望过高所形成的家庭教育观念和家庭教育方式不当又可能对孩子的合理培养产生阻碍，事实上，这种状况不仅上海，在我国其他地方也十分普遍。上海市教育研究部门针对上述调查，建议市政建设必须建造儿童活动场地，家长们要利用一切机会让孩子多与各方交往，并以孩子伙伴的身份与子女相处，让孩子多游戏和多与玩具接触无疑会是解决这类问题的对症良方。随着社会工业化的发展，社会生活的都市化现象将不断扩大，上述问题或许会日趋严重。利用游戏和玩具对孩子实施教育将会显示出其重要的作用和价值。因为游戏通常带有群体娱乐性，能造成人际交往的快乐气氛。孩子在与父母和其他家庭成员的游戏中织起更为亲密的人伦亲情交流的纽带。扮演医生给小娃娃看病，扮演黑猫警长指挥战斗等，满足了孩子参与成人社会活动、认识社会角色的愿望。家庭游戏的组织还在打破邻里隔膜对孩子形成的"囚禁"生活以及增进邻里孩子间的伙伴联系，促进社会群体的和谐等方面都能起到很好的作用。

日本文部省曾在《幼儿园教育要领》中提出了教育内容改革的几个具体视点：一是培养孩子与他人交往的能力；二是引导孩子多与自然接触，加强他们与周围环境的联系；三是培养孩子正确的基本生活习惯和态度，如形成自我发挥和自我控制相协调的自觉纪律，养成健康、安全的生活所必需的基本习惯和态度。上述三点的重新确定，反映了日本教育部门面对急速变化的社会对培养儿童作为社会一员所需素质的重视和对促进儿童社会化问题的重视。这些素质通过家庭教育进行培养会有特殊的效用。家庭是儿童社会化的最初组织。孩子在同父母、爷爷、奶奶及家庭亲友的交往中可渐渐习惯于成人的复杂世界。孩子玩"过家家"、"请客"等游戏，反映孩子对成人人际关系的体验和参与大群体生活愿望的萌芽，可为孩子将来参加大群体活动打下基础。

应让孩子在与家庭成员、家庭社会成员和邻里伙伴游戏的相互联系中，培养将来社会生活所必需的自主性和社会性；开展以自然和周围环境为背景、为内容的游戏。在家长的参与和指导下开展游戏，对增加孩子的具体生活体验的积累，培养孩子感受性、认知、思维、活动能力以及对事物的兴趣、爱好和积极性具有更直接的作用。同时对消除独生子女生活的孤独感，形成适应社会的良好个性特征，发展其社会能力都能产生深远的影响。

第二节　游戏是启迪孩子心灵的天堂

　　有一位作家曾这样描写他女儿在游戏时的神情：她总是一个人静悄悄地玩，有时，她就生活在自己创造的幻景中，低声自语，或独自咯咯地笑，你问她话时，她回答的是顺着她的思路流出来的毫不相干的话，好像她的魂魄已被什么精灵摄去了，或者，被什么魔童招走了。我时常想，在她游戏时，是不是把自己忘身物外，变成了另一个小仙童在天堂里漫游着呢？

　　游戏是孩子永恒的天堂，在这天堂里，他们嬉戏、娱乐，承受着天然、纯净光彩的照拂，沐浴着清淳雨露的浇润，他们得到了大人们所无法理解到的快乐，同时，在游戏中他们的身心得到了发展。直到他们告别幼儿时代，将目光与脚步投向学校大门时，他们才与假想的游戏生活告别，带着他们从游戏中获得的对自然的感知和正直的性灵步入学生的行列。

　　被称为"幼儿教育之父"的德国幼儿教育家福禄培尔很早就开始强调游戏的重要性。他认为，游戏活动正是不可摧毁的整个内在生命的外部表现，通过开展游戏活动能使儿童成长为完全的人。福禄培尔创办了世界上第一所幼儿园，他通过在幼儿园里的亲自观察、研究后提出："幼儿期是想向外界表达精神的游戏时代"，而少年期则是"游戏变为有目的作业并开始系统学习的阶段"。由此可以说，游戏既是孩子学习生活，获取智慧的重要途径，也是孩子表达内在精神、内心渴望，表达自

己的道德、理性评价的重要方式。由于这种意义，日本的一些心理学教科书给游戏以很高的评价："游戏既是儿童的生活，也是他们的生命。对他们来说，游戏就是第二生命。"

的确，我们很难想象，当孩子离开了游戏，他们的生活会是怎样的。固然可以说游戏是孩子的第一课堂，但如果说愉快是孩子健康的要素之一，那么游戏之重要首先应该说是因为它给孩子带来了一个乐园，一个幸福的天堂。

一、什么叫作游戏

什么叫作游戏呢？自从教育学家、心理学家们开始研究儿童游戏起，便各执一词，互有差异，都试图对这一人类的特殊社会性活动的本质意义作出科学的解说。从那些不同的解说里，我们能获得许多有价值的启示，并对我们加深对"游戏"这一"魔术式的演习活动"的理解是大有裨益的。

鲁宾斯坦认为：儿童游戏是一种与劳动有区别的，但与它有联系并从它导源的人类活动的特殊形式。这种看法是从游戏与劳动的联系与区别的角度来认定的。"劳动创造了人"，那么人类的游戏当然也应该是人类改造自然、改造现实活动的产物。马卡连柯指出："劳动就是人参加社会生产，参加物质、文化的创造，换言之，参加社会价值的创造。游戏并不追求这种目的，它与社会目的没有直接联系，但也许有间接关系，它使人习惯于对劳动来说必需的体力与智力的活动。"如果说劳动既使人改造了自然和世界，也使人在不断的社会实践中加深了对自然和社会的认识，那么人类的游戏活动则是人类抽掉了其创造物质价值的目的后，作为一种特殊的社会活动，使人类加深了对自然，对社会关系的认识，使自己的身心得到发展。所以马卡连柯又说，在游戏中并不创造社会财富，但是良好的游戏却很像良好的工作，在游戏中就像在劳动中一样，要作出工作上和思考上的努力，有责任感，也有创造的欢乐。由于这些，就能在游戏中培养未来的工作者和公民的品质。

瑞士心理学家皮亚杰从四个方面总结了游戏的基本特征：

第一，游戏本身就是目的，而不是达到其他目的的手段。

第二，游戏是自发的行为，在他人强迫命令下的活动是课业。

第三，游戏是一种愉快的活动，如果是非本愿而勉强进行的活动不叫做游戏。

第四，游戏带有偶然因素，缺乏合乎逻辑的必然性，也不是机械的统一性。

还有一些理论家也对游戏的特征作过一些说明，如美国的教育家加维认为：游戏是由内驱力策动的一种快乐的活动。游戏应该是自愿的行为。还有的认为游戏是一种在假想的情境中反映周围生活的活动。

综合分析上述游戏理论，可以对游戏的基本特征作如下归纳：

第一，游戏是一种假设的和任意想象的活动；

第二，游戏是一种主动的，自由的活动；

第三，游戏是一种轻松愉快的，能获得某种精神享受的活动；

第四，游戏是一种不创造物质价值的活动。

孩子就是通过这种假想的，不承受外来任何心理负担的自由而愉悦的活动，来认识自己所处的这个世界，认识自我，从而使自己的生理和心理以及社会性得到发展。

根据对游戏概念的本质意义的解说，我们可以就孩子游戏的主要特征作如下具体分述。

1. 游戏是一种学习活动。

游戏在孩子的日常生活中是一种最基本的活动，也是孩子最主要的活动。孩子需要游戏是由其年龄特征所决定的。世上的各种事物，各种生活情形在孩子的眼前纷至沓来，并且都是第一次，各种新异刺激都会引起他们的注意，引发他们摸一摸，看一看的探究愿望，引发模仿的冲动，于是探究，模仿成为了孩子最原始的学习形式。而孩子探究，模仿的主要方式是游戏。他们通过游戏，与客观事物进行广泛接触，积淀感知，形成表象。据此再进行记忆、想象和思维活动，形成经验。再向更高层次的思维迈进。

因此，可以说游戏是孩子认识周围事物的一种手段，是孩子的一种生活活动。在游戏中他创造了一种独特的生活情境，同时他又作为这种"生活情境"的主角，通过游戏与现实社会生活发生联系。通过模仿来熟悉生活，熟悉自然物，熟悉他可能理解的社会关系。孩子既是一个自然实体，又是一个社会实体，社会存在"不动声色"地影响和制约着他，他所模仿、编导的活动也主要反映人类的社会性活动。孩子是通过游戏来参与社会生活的，并从中获取需要的基本知识。同时，社会存在作为游戏形式和内容的源泉，使游戏不断地反映孩子所获取的社会信息。社会信息的储备和系统化，成为孩子将来把握社会活动的重要精神基础。

由此看来，游戏是一种认识积累的过程。通过游戏，孩子将感性认识转化成初步的经验概括，将知识经验和行为能力转化成智力技能和操作技能。角色游戏作为一种创造性的想象活动，孩子将现实活动与想象活动创造性地结合起来，构成一种独特的、趣味无穷的生活情境。他们可以像京剧表演一样只拿一根竹竿作马鞭，胯下便有了一匹奔驰的骏马，骑着它跑遍他想象中的童话世界。同时，他又能将这竹竿看成一支激光枪，摧毁他想象中的目标。拿两块积木，一块可以是座房子，一块又可以是一架电子琴，用这架电子琴为房前的布娃娃伴奏，举办一台其乐无比的独唱独奏音乐会。在这里，孩子将想象与真实构成了一种美妙的意境，表达他们对生活的认识和理解，也表达他们无法言说的内心情感。

游戏还是一种观察能力的培养过程。观察是一种在社会存在中获得直观信息和直接经验的重要途径。孩子对人们社会行为的观察，对新异刺激物的注意，对人们动作的模仿都是通过游戏来进行的。因此，观察便成为孩子学习的重要手段。游戏工具的运用，游戏方式的产生，游戏内容的确定，都来自孩子对周围人或事物的观察和模仿。可以说，游戏是以观察为前提的。观察能力越强，游戏活动越逼真。为了使游戏更接近于生活，便模仿更为真实有趣，孩子便会更加努力地观察，不断摒弃游戏中尝试生活的错误，以逐步掌握较复杂的经验和行为方式。

游戏中对模仿对象的选择，常常经过孩子的心理判断过程。从生活中"观察"来的作为自己游戏的对象（模仿对象）进行"表演"，通常都掺杂了孩子的某种感情因素，或是出于喜欢、羡慕，或是出于有趣的感觉。孩子爱扮演"黑猫警长"，是因为电视、连环画中的黑猫警长有凛凛威风和勇于除恶的斗志；孩子喜欢扮"炊事员"；是因为锅碗盆瓢、油盐酱醋好玩，并与饮食享受有关。可见选择什么样的对象作为游戏中模仿的角色，与孩子的兴趣、态度、价值观等有直接关系。

游戏的学习功效是如此地明显，因此，有人说，如果确实是在良好的情况下，让孩子们去游戏的话，那么，游戏不仅会产生那种在思考和推理活动中所表现出的心理活动的积极性，而且像丰富的经验一样，也会导致最佳的学习。

2. 游戏是孩子的一种特殊形式的劳动实践活动。

孟特先丽茨卡娅曾这样来说明孩子活动的意义："儿童并不是通过消极观察而是通过积极活动来学习认识周围世界的。其发展着的机体要求活动，同样，其发展着的智力也要求活动。因此，学前儿童不知疲倦地活动着，他们力求自立，并充满着求知欲与好奇心。"这是说孩子通过积极的行动来认识世界是出于他们自身生理和心理发展的需要。孩子也想象成人那样能"随心所欲"地对客观世界发生创造性作用。他们的求知欲和好奇心常常把他们引导到对成人劳动行为的模仿中去。他们通过游戏，通过自己观察来表现成人的劳动过程。

游戏是孩子的一种重要的生活，可以说他们游戏的主要内容是成人劳动。不管是学医生打针，喂养玩具小动物，还是用积木建造"高楼大厦"，无不体现出劳动实践中的种种生活场景和客观过程。但是，他们的模仿表演并不是一种庸俗平常的消遣式活动，而是倾注了他们的情感、满腔的热忱、体力、心力及其他种种努力。游戏对他们来说是一种认真严肃的工作。谁揭掉了盖在玩具娃娃身上的"被子"，他就会大声抗议"我的娃娃会感冒生病的"。也就是说，孩子的游戏既反映了劳动的方式和内容，再现了劳动的行为，又融会了孩子的情感，体现了孩子加深生活印象的积极创造性活动。

孩子游戏作为一种劳动实践过程的特殊形式，其特殊性还表现在孩子游戏的动机不在劳动的结果而在劳动的过程。也就是说他们游戏的最终目的是在假想的劳动过程中获得愉快和满足认识需求的欲望。比如孩子在家里，用一只空瓶做"锅"装上水，将"菜"（也许是纸片或是妈妈刚买回来的茶叶）洗净，放进"锅"里，再用小木棒做柴，或用小木

棒当锅铲，积木当炉子，于是他们就"炊"起来了。农村的孩子还可能趴在地上对着"炉子"吹气，好让"炉火"更旺些。有时他们还会用"锅铲"将"菜"炒一炒，"菜"便做好了，随便用木片或塑料板当碗，就"进餐"起来。这一过程的结果并未使那碗"菜"真正具有可食性，并不能填饱肚子。但成人的行为过程被他们全盘掌握，他们为自己能完满地从事这一在他们看来非常有趣的工作感到无比的高兴。这一活动的结果是"虚"的，但其中的劳动程序、方式又无疑成了他们一种生活经验的积累。还有一个常见的孩子"读书的行为"也是非常有趣的。孩子一本正经地坐在小凳上，膝上搁着一本书，有时可能连书都拿倒了，但他还是一页一页地翻看着，还会不时将指头在唇上沾湿，表演出一套认真看书学习的动作。这一游戏的内容无疑是从成人那里"借鉴"来的。他的目的当然不是为了读懂那本书，而仅仅是证明自己也能做大人们做的事。读不懂无关紧要，关键是他能完成那一套行为过程。这一行为过程的掌握对孩子的发展来说绝不是没有益处的。

孩子的游戏还是一种自由的"劳动过程"。他无须像成人的劳动实践那样必须按规定的程序进行。就是说他的劳动进行速度、进行步骤完全根据自己兴趣的高低而定。当这种游戏具有较强的吸引力，能引发他浓厚的兴趣时，他可能会完整有序地进行下去，直到活动本身所要求的过程进行完为止。但当某种游戏缺乏吸引力或缺乏持久的吸引力时，他可以随时终止。如果在游戏过程中出现了更新异、更有趣的刺激物时，他也可能"见异思迁"，抛开正在进行的游戏而转移兴趣，改变活动。家长了解孩子游戏的这一特点是必要的，如果强迫孩子从事某种兴味索然的游戏，那可能会适得其反。

孩子的游戏实践活动的另一显著特点是它的假想性，孩子常以"假装是"来构建他们游戏的框架，形成游戏的基本内容和各种各样的游戏情节。当他将自己假装成某一角色时，他便同时也接受了这一角色所特定的行为方式、思维方式和情感态度，孩子也只有通过这种假想的活动来再现生活现实，才能满足其社会化需求。

孩子游戏的假想性活动其实也是一种想象活动。在孩子2～4岁时，以"假想"为内容的游戏占孩子游戏的大部分。他常常把甲物体看作乙物体，或丙物体。这种假想是将眼中已有的事物表象经过加工，创造成了一种新的形象。这种思维过程以具体事物为内容，"假装"是此事物变为彼事物的中介。这种假想不受时间空间的限制，因而孩子在这种创造性想象中拥有无限广阔的领域。这种"假想"通常只出现在游戏里，因而家长通过游戏来培养孩子的想象能力会有极好的作用。

孩子在游戏中通过"假装是"来创造替代物，以满足自己希望拥有某一事物和希望干成某种力所能及的事情的强烈愿望。孩子的理解能力有限，又希望有成人的自由和创造事物的力量，因而，他们借助"假想物"来解决无法参加成人劳动的矛盾。孩子参加社会生活是困难的，所能参与的活动也是有限的，但在游戏中他们的想象是无限的。无穷的替代物丰富了他们的游戏，陪伴他们度过充满想象的美好时光，在假想中他们完成了自己丰富多彩的游戏活动过程。有些家长认为孩子"假装"出来的游戏，只不过是因为孩子无所事事，才以"假装"的东西来装饰自己的生活，自己哄骗自己。由于家长的这种模糊认识，导致了在家庭教育中游戏和玩具不受重视，使孩子不能在美好的游戏当中得到发展。事实上"假装的"游戏就是孩子的真实生活，他们只有在这种"真实生活"中才能获得他们所需要的一切。他们常常能全身心地融化在假想的游戏当中。旁人有时会向正在游戏的孩子说"这明明是小板凳，怎么会是汽车呢"？孩子会回答"这是假装的"。但当他坐上这"汽车"，"嘀嘀"地驾驶的时候，他会感觉到自己确实支配着一辆"汽车"，满脸流露出兴奋愉快的光彩。在这里，"假装的"与真实的被奇妙地交融在一起，构成一幅充满盎然生趣的生活图景，而这又只有孩子才能充分享受得到。东德的内蒂·克里斯滕森教授曾引用列昂捷夫的话说："列昂捷夫论述儿童在游戏中的想象与实际的关系时说到：'自由的自我想象并不是儿童任意创造游戏世界的渊源，而只有通过游戏才能激发与发展这种想象。'儿童的想象滋生于他们生活和发展的实际，儿童并不像资产阶级科学家所认为的那样生活在想象和梦想的世界中。这个世界是实在的，它是他们为了能够在其中生活而必须熟悉和认识的世界。儿童在游戏中回答的问题是实在的，是真实的；他们表达的思想与意图是实在的，是真实的；他们在游戏中具有的感情也是实在的，真实的，游戏是儿童为了探索世界而独立对待世界、改造世界的活动。"游戏激发和发展了孩子自由的自我想象，这种想象又来源于孩子所生活的那个具体实在的世界。所以孩子由"假装"构成的游戏，其本质还是真实的。由于游戏本质的真实性，因而游戏也正像高尔基所说的，是"儿童认识世界的道路"。

3. 游戏是孩子的一种自主的、不创造物质价值的愉快的活动。

如我们前面讲到的，孩子游戏的动机不在于游戏的结果，不在于形成什么物质价值，而在于游戏的过程，在于表现成人劳动的过程。孩子是为了玩才游戏的。一方面，他们身心发展水平限制了他，不能创造价值。他们的思维能力、行为能力等使得他们无法直接参加成人的劳动。他们不可能去种果树，做一道菜或开动一列火车。正因为如此，他们的游戏才不为劳动结果所限制，与现实生活逻辑也联系不紧，不为追求实际物质结果而被殚精竭虑的重负所困扰，无须承担任何责任和义务，从而最大限度地表现他们心灵的欲望。另一方面，孩子的游戏活动是没有限度的。任何生活的、劳动的矛盾却能通过"假装"的游戏来解决。由

此，他们获得了充分的自主权，在游戏形式的无限广阔的范围中，想做什么就做什么，高兴表现什么就表现什么。他所拥有的一切表象，他们观察到、听说到的一切事物，都可以编进游戏里，用其独特的方式将它们再现出来，将它们搭配组合起来，构成场面、构成情节、构成关系、构成情境。孩子有选择游戏内容的自主权、有使用他所喜欢的方式来编制游戏的自主权，不受具体条件和时间等的制约。这种高度的"自主权"、"自治权"，给了他们广阔的想象和创造的空间。

由于这种随心所欲的自由度，使他们在游戏中能极尽构想、创造之能事，可以尽情尽兴地玩耍和娱乐。因此，可以说孩子在游戏中的自主性，无责任感、义务感和愉快三者是紧密联系着的。不创造物质价值是使游戏能产生愉快的前提条件，自主性也是愉快的基础，愉快的情绪又促进了自主性的发挥，使游戏活动给孩子带来更大的欢乐。

由于游戏的这种特点，福禄贝尔赞美说："游戏是儿童内心活动的自由表现，是儿童的最纯洁、最神圣的心灵火花。"

4. 游戏是孩子的一种概括性行为、创造性活动。

列昂捷夫通过对学前儿童游戏的心理学基础的研究认为，游戏行为永远是概括的，即永远是概括的行为，这是孩子游戏行为的另一个应该注意的特点。

比如，孩子在游戏里把自己"假装"成一个汽车司机。他们表现的可能是他曾见过的某一个司机的操作行为（模仿行为的来源总会是一个具体的对象），但他在此游戏中所再现的行为就不再是对那个司机行为的模仿，而是一般开汽车的普遍性行为。孩子在此时可能已忘记了某一具体对象的具体行为。孩子模仿的动机不是表现某一具体的对象，而是表现怎样对待一个物体的行为，这也就实现了对行动的概括。

据此，列昂捷夫认为："正因为游戏行动的概括性是如此，游戏才能够在实物条件不相符的情况下实现。"也可以这样说，孩子的游戏行为是略去了作为其来源的具体的模仿对象而成为对待同一类物体或事件的典型性行为，有了这种典型性意义的行为（即概括的行为）才使得游戏能在不同时间，不同的实物环境下开展起来。孩子在扮演门诊医生时，可以在床上用一根橡皮管为布娃娃听诊，也可在另外某个地方用一根绳索做听诊器为她的小枕头——一个"假想"的娃娃看病。在这里，孩子对职业行为表现的方式和步骤会是相同或大致相似的：让娃娃躺着，将"听诊器"一头放在自己耳边，另一头放在娃娃的胸前，并不断移动，口里随时道出自己的"诊断结果"，或讲一些安慰的话或叮嘱"病人"应注意什么，等等。

游戏行为的概括性，使得游戏的行为方式以及游戏的实物条件都有着很大的变化余地，虽然这种变化并不是没有限度的。

标志着孩子创造性活动产生的是替代物在游戏中的出现。如一张纸，孩子可以想象成娃娃的一床被子，或是钞票；一个瓶盖，孩子可以想象成碗、锅、杯子，或想象成球、船等物体。这些替代物在游戏中的出现，是以孩子异常活跃的想象为基础，孩子通过想象和利用这些非专门化玩具，创造性地把现实和假想结合起来，在游戏中形成再造的现实。

想象力和创造力的发展水平决定游戏反映现实生活程度的高低。想象力丰富，创造能力强，反映的程度就深，广度就阔，游戏中新鲜事物出现的也更多。失去了想象和创造成分的游戏，是没有活力的游戏，它不能促进孩子的发展。

5. 游戏能为孩子未来的生活作准备。

德国生物学、心理学家格罗斯认为，游戏是孩子的一种天赋的本能活动。这种本能活动是为着个体自身生存的需要而与生俱来的，游戏是人为生存而进行本能练习的手段。孩子"在童年时代就是要游戏，而游戏是未来生活最好的预备学校"。在这所学校里，孩子使用玩具，能促进手指的灵活性及全身活动的协调性。在与他人接触的游戏中，孩子能学会相互配合、协调、忍让、谅解和分担任务等。这就提前获取了今后生活所需的技能、经验，为未来的社会生存、为未来劳动作了准备。因而格罗斯认为："儿童不是因为年幼而游戏，是因为需要而游戏。"

格罗斯是以生物学理论为依据来说明游戏的产生及功效的。他忽视了孩子既是一生物实体，又是一社会实体，是生物性与社会性的统一；忽视了游戏与孩子日益增长着的智慧能力以及整个意识水平是相联系的；忽视了孩子与周围环境的作用是一能动的活动过程。

应该说，孩子主观上首先是为了获得愉快，满足好奇心、求知欲望等而开展游戏的，他只是据某一时刻使他感兴趣的事物来作游戏。我们从另一个角度来分析格罗斯的这个游戏理论"劳动预备说"，可以对游戏的功效作出这样的理解，即孩子根据主观兴趣、欲望来游戏，在游戏活动中增加了知识量，提高了能力，锻炼了身体，培养了个性、品德。从游戏的客观效果上讲，为孩子未来的生活劳动作了智力、体质及个性品格上的准备。如鲁宾斯坦所说："人类的游戏是人类改造实际、改造世界活动的产物。"孩子在游戏中，"在通向掌握知识和训练能力的漫长道路上迈出第一步，而知识和能力是他适应今后生活要求的需要的。"

美国 G. S. 布鲁纳指出：孩子的游戏是儿童时期的一件要事，是成年期能胜任各项工作的先驱，游戏是孩子对问题的解决和以后开展创造性活动的一种锻炼。孩子对劳动过程的模仿使他认识和熟悉了劳动过程，并能培养对劳动的兴趣和尊重态度。这一点也是游戏区别孩子其他一些活动较明显的一个特征。

二、什么叫作家庭游戏

家庭游戏是在家庭教育情境下和由家长指导下，孩子自身或在家庭成员参与下，以孩子为主体所开展的游戏活动。

家庭游戏是家庭生活的内容之一，也是家庭教育的重要方式之一。孩子的家庭游戏受着家庭生活环境的影响，也受到社会环境和自然环境的影响。这些环境组成一种特殊的教育氛围，随时对孩子性格、智力、技能的发展及个性、气质的形成发生着作用。各种环境的影响使家庭游戏既富有丰富而深刻的生活内容，也拥有其他教育方式所不可替代的教育价值。

下面就是几则家庭游戏：

例一：2岁多的罗罗喜欢玩"烧饭"的游戏，将纸张撕成纸屑，放在小纸花篮里，再将花篮放在灶台上。然后，他离开一会儿，接着回转身来说："哟，烧糊了！"跑去取下"锅"，拿出纸片放在嘴边，做着吃的动作，享受他烹调的喜悦。

例二：点点从幼儿园回家后，取出大小积木、玩具动物、变形金刚和激光枪，便开始了他自得其乐的游戏。名称不知从哪儿听来叫"魔城"。用积木筑成魔城的城墙，让机器人骑上飞天马在城内巡逻。不一刻，便与外星人（玩具动物替代）开展了激烈的激光枪战……

例三：《迈大步》——练习数数，由父亲组织。

玩法。说："让我们一起来玩《迈大步》的游戏吧。"首先让我告诉你这是像巨人那样的大步（迈一大步）。这是像小孩那样的小步（迈一小步）。然后我再告诉你能走几步。等你走完之后，就轮到你告诉我。"

说：你要走三大步：1，2，3（他走的时候你大声数，当你走的时候也要大声数）。

提示：不要记忆，有时你故意"出错"——如你走一步而数的太多或数的时候漏掉了一个数目——会使游戏更活跃起来。

三、家庭游戏的特点

上面我们给"家庭游戏"的定义是"在家庭教育的情境下和由家长指导下，孩子自身或在家庭成员参与下，以孩子为主体所开展的游戏活动"。家庭游戏主要指在家庭生活环境中开展的游戏活动。孩子是游戏的主体，其他参与者可以是父母也可以是其他家庭成员和社会成员，家庭生活环境是指有别于学校教育环境的客观生活场景。家庭游戏常洋溢着浓厚的家庭生活气氛和情调，其特点可归纳为如下几点：

1. 家庭游戏不受时间、空间的限制。

孩子的家庭生活不同于幼儿园生活，家庭游戏也不同于幼儿园的教学游戏。教学游戏规定有与教学任务相联系的具体的游戏目的，游戏必须根据教学任务来设计，要在教学的总体目标指导下组织活动，一般必须在规定的时间内进行和完成，并有指定的活动场所。家庭游戏可以较大限度地顾及孩子的兴趣、爱好，随时组织和开展，并可在家庭内、社会公共场所或大自然内自由选择场所进行。家长可以根据自己孩子的身心发展特点设计组织游戏活动，不受时间和活动场所的制约。

家庭游戏有较大的即兴性，家长可根据孩子某时的兴趣、兴奋点或某时的心理反映，某一知识缺陷、个性缺陷，某种非智力因素培养的需要或某时身体活动的需要等随时开展游戏活动。

2. 家庭游戏可更好地满足孩子扮演主要角色的需要。

随着动作、语言、意志活动和个性等的飞速发展，孩子的活动范围不断扩大。在孩子 2～3 岁时，其意志活动的一个显著特点是表现出最初的独立性和自主性的强烈要求，如"我自己来"。动作语言等的发展又使孩子有了以自己的意志行为影响外界事物的前提和基础。他希望能操纵和支配自己的行为和周围的事物，以表现自己的力量和能力。同时，孩子 3 岁以后，竞争意识、自我意识也扩张起来。这样，"我"，"我为中心"的意识变得强烈起来，以"我"为主体、为中心的游戏是满足孩子这种心理需要的极好形式和手段。尤其在角色游戏里，通常有一个处于主导和中心地位的人物，在幼儿园，这一角色常常是所有幼儿竞相追逐的对象，都以一演为快。在"老鹰抓小鸡"的游戏里，都愿当"老鹰"，愿表演老鹰以利爪和强悍来征服对手的雄壮场面，充分显示"胜利者"的姿态。

但在幼儿园，游戏时间有限，小朋友太多，不可能人人都有幸成为一个主宰游戏过程的主要角色。在许许多多的游戏中，轮到自己做主角的机会很少，参与游戏的满足与不能担任主角的遗憾常常并存。家庭游戏里，这种机会一般是无可非议地属于孩子。孩子可在家庭游戏中尽情尽兴地表演自己希望成为的任何一种角色。家庭成员成为自己游戏中的支配对象是经常能做到的事。孩子有时并不在于扮演的角色是否是正面的，在"大灰狼与羊"的游戏中，孩子认为做一只凶狠的大灰狼并没有什么不好，孩子只认定支配权和胜利在谁一方。骑在爸爸脖子上做一个自由的放牛郎也是一件十分愉快的事。

3．家庭游戏受家庭生活环境的影响。

围绕着孩子周围而存在的家庭生活环境是多方面的，它们都在不同程度影响着家庭游戏。而对孩子的游戏内容和方式能产生直接而重大影响的，主要是父母在日常生活中的语言和行为方式。因而父母谨言慎行是十分必要的。

在家庭生活中，事无巨细，随时都对孩子产生影响。模仿在孩子的发展中是不知不觉却又极其重要。父母的言行被孩子模仿着渗透到他们的游戏当中，有些被孩子作为一种处事的"定式"承袭下来。所以说孩子的游戏是父母的一面镜子，从中可以看到父母的影子。

著名教育家马卡连柯曾讲过一段意味深长的话，告诫作为"教育者"的父母们："你们自身的行为在教育上具有决定意义。不要以为只有你们同儿童谈话，或教导儿童、吩咐儿童的时候，才是在教育儿童。在你们生活的每一瞬间，甚至当你们不在家的时候，也在教育着儿童。你们怎样穿衣服，怎样跟别人谈话，怎样谈论其他的人，你们怎样表示欢欣和不快、怎样对待朋友和仇敌，怎样笑，怎样读报——所有这些对儿童都有很大的意义……父母对自己的要求，父母对自己家庭的尊敬，父母对自己一举一动的检点，这是首要的和基本的教育方法。"

如果父母带孩子乘公共汽车时能主动将自己的座位让给老弱病残者，那么孩子在玩"汽车站"的游戏中，也会有这种良好社会公德行为的表现。孩子在游戏中常以父母为行为榜样，是因为父母是孩子爱戴、尊重和信任的对象，父母在指导孩子游戏时应时刻想到"像我这样做人"。

四、家庭游戏为什么能吸引孩子

家庭是孩子最熟悉、最亲切、最能在他们以温暖、自由和充满安全感的生活场所。在这个环境里，孩子进行最有娱乐价值的游戏活动，在他那种假想的，自由的情境里享受着童年最快乐的生活。这对孩子自然是美好而又难忘的。恰如夸美纽斯所说的："游戏是幼小儿童生活中不可缺少的伴侣。"那么，家庭游戏为什么能吸引孩子呢？

1. 家庭游戏以孩子异常活跃的想象力为基础，能满足孩子的求知欲。

当孩子还只是受到外界事物的有限的影响，没有形成一整套完整健全的思维方式时，孩子独立而自由的想象活动十分活跃，没有过多的限制和禁区。孩子想象力之所能触及的时空范围都是孩子构筑绚丽世界、思维驰骋的天地。孩子的游戏活动也因之而多彩多姿。虽然，孩子游戏的内容以现实生活为基础，但其想象却是零乱生活事实得以关联的纽带。游戏使想象与现实产生特殊结合，成为孩子的一种特殊的实践活动。由此而使孩子参加成人社会生活的需要得到满足。游戏中丰富多样的具体生活内容使孩子完成起码的人生经历。这种经历被筛选、储存，成为孩子必要的人生经验。当游戏扩展了孩子的想象，这种人生经验成为新的想象基础。思维进到更高一个层次时，游戏这种特殊的实践活动便成为了一种创造性的活动。孩子对它的迷恋也就日益加深，直至走出童年时代。

2. 家庭游戏是孩子自主、自愿的活动，是孩子进行自我表现的最好机会和方式。

如果一种活动限制孩子的动作过程和思维自由，或者成为一种精神和行为的负担，让孩子"戴着镣铐舞蹈"，那么这种活动注定要被孩子的心理所拒绝，为孩子的行为所摒弃。游戏完全不是这样一种活动。家庭游戏之所以有强大的魅力，在于游戏之中，孩子完全是以一个主人的身份出现，他可以自由地构想游戏的内容和方式，可以自主的参加，改变或抛弃游戏内容或方式的部分或全部，由兴趣支配游戏的过程。在幼儿园里，教师组织的某些游戏由于众口难调而不一定合乎所有孩子的口味，孩子也可能因角色分配不合意而勉强参与，但由于教师的要求又不能不参加，这样个别游戏可能影响孩子的尽情尽兴。在家庭里，这种情形则完全是可以避免的。游戏中孩子有很高的自由度，他可自由选择游戏类别，随意承担游戏角色。父母或其他家庭成员的平等参与，使相互之间构成伙伴关系，建起一种可信任的气氛，消除了那种心理压力，使孩子更加自愿地投身其中。

由于家庭游戏是孩子自愿和自主的活动，因而成为孩子表现自我的最佳机会和方式。一方面，游戏本身来源于孩子丰富的想象，因而它也是孩子天然的自我表现活动的"艺术成果"。孩子常常独自默默地自编自导自演，并且把它当做一种真实的生活和工作。他所进行的每一游戏过程，都是一种自我意识的表现。在沙地里，孩子捧起一团团的沙，做成一座小山，一座房，用沙筑成一堵城墙，挖上一道河，搭上一座桥，插上几棵树做成一个美好的乐园，这更是他们心灵的创造。另一方面，他们又在游戏里当佐罗、扮希瑞、做武士、演英雄，成为妈妈、医生，做一只淘气的小猴，逼真地再现各种角色的形象特征。或者在"编故事结尾"的游戏里，在爸爸的提示下，编出一个有趣的动物故事，显示自己创作的才能。这一切都使成人承认他们作为一个社会实体已拥有不可小看的创造天才。

3. 家庭游戏活动能使孩子产生欢乐的情绪体验，满足他们活动兴趣的要求。

家庭游戏创造了一种快乐的家庭生活环境。它符合孩子身心发展的需要，能满足孩子的求知欲与创造欲。这种能满足孩子需要的活动，必定会引起孩子肯定的态度和快乐的体验。当孩子按照某种规则完成了游戏过程，或达到了游戏目的，他就会高兴得拍手欢笑，孩子将积木垒成高高的塔状，变成新异的造型时，他会自得于自己高妙的建筑能力。当他将这成功的造型猛然推倒，看到完整如何在他的动作下破坏和毁灭时，同样也能引发他的乐趣。成功与毁坏，同样证实了自己能以不同的方式影响事物。孩子的模仿、操作、分析和解决游戏中的困难等，也都能使他们产生快乐的情绪体验，引发他的无穷的兴趣和自由想象的愉悦。家长应尽可能培养孩子的游戏兴趣，使孩子充分感受创造的喜悦，

感受兴趣带来创造成就的喜悦。而喜悦又能促进新兴趣的产生并使之成为孩子学习、探究的新动力。

五、家庭游戏的好处

苏联教育家克鲁普斯卡娅认为：游戏对学前儿童有着特殊的意义，游戏对于他们是学习，游戏对于他们是劳动，游戏对于他们是一种严肃的教育形式。在家庭教育情境下，游戏活动的教育功能和发展功能有如下几方面：

1. 促进孩子智力发展，加速孩子对周围世界的认识。

智力发展的基本标志是掌握知识体系，积累知识，发展创造性思维和智力技能。学龄前时期是一个人智力发展的奠基时期，也是关键时期。日本井深大提出："对孩子的教育要从零岁开始，是符合孩子心理发展特点的。发展智力是孩子将来成为社会人的心理第一需要。而在此时期，游戏是孩子的第二生命，是孩子的第一所学校。因而，游戏对于孩子智力发展的作用就显而易见了。"国外有些专家认为：儿童早期是奠定智力发展基础的令人兴奋的、有效的时候。游戏的过程正是智力发生的非同一般的、特殊的过程，这恰恰是游戏的作用之所在。

首先，家庭游戏促进孩子智力发展表现在家庭游戏是一个广泛接收、加工、积累信息的过程。为促进孩子智力发展提供了大量生动丰富的感知现象。由于家庭游戏直接地大量地与家庭、社会生活实际接触，深刻烙印着人及其劳动、社会关系、文化和语言的印迹的客观物质世界，形成纷繁的信息流，不断注入孩子的思维世界。信息的丰富性和生动性产生强大的吸引力。在游戏里，孩子越来越频繁地受着现代社会的技术成果、生活现象的刺激。现代科技、文化、新型的社会关系等不断进入孩子的游戏当中，并被他们接收、储存，且引发他们参与、研究的欲望。宇宙飞船、太空人、家用电器、电子游艺和科学幻想的东西都是孩子游戏中常见的内容，尤其是电视所传播的大量的外部信息，不断充实着孩子的游戏内容，改造着游戏的构思方式。孩子在游戏里学着自由市场的商业交易行为，拆卸声控飞机想探究其奇妙的指挥奥秘等，都是现代信息对孩子游戏行为产生影响的直接表现。

其次，家庭游戏中的创造性想象启迪了孩子的智慧，培养了孩子的能力。在孩子的游戏活动中，没有创造性想象的参与，游戏是不能成功的。孩子根据游戏时的兴趣指向，对眼前的客观事物和情景加以独立的创造，形成新的形象（事物、情景或情节）。家庭游戏内容的丰富，可以促进孩子想象的活跃，同时为了将想象的内容在游戏中表现，孩子就会开动脑筋，回忆已有的事物表象和经验，并加以分析思考和整理概括，形成新的行为方式。这一复杂的过程，是开发孩子智力，启发孩子智慧的极好途径。如由儿歌到绘画的过程，它既是一种儿童绘画活动，也可以说是一种绘画游戏：

　　蓝天是摇篮，摇着星宝宝
　　白云轻轻飘，星宝宝睡着了
　　……
　　妈妈的手是摇篮，摇着小宝宝
　　歌儿轻轻唱，小宝宝睡着了

　　上海的 6 岁儿童汪侃磊根据这首儿歌创作了一幅画，名叫《星宝宝》：孙悟空脚踏白云，手扶作摇篮的月牙儿，摇着星宝宝。他把记忆中大闹天宫的孙悟空和妈妈摇摇篮哄小宝宝睡觉的情景在绘画游戏中进行了加工改造，重新组合创作出了一幅充满生趣的画面，这就是一种创造性想象的艺术结晶。

　　其三，游戏发展了孩子的感知觉，使孩子认识和把握了各种游戏材料的基本特征，培养了孩子细致观察生活现象的能力。家庭游戏中孩子积累的大量感性经验，为他们形成概括性思维准备了条件。游戏中表现客观事物和生活情节的需要，也培养了孩子的记忆力、注意力等。表述和交往的需要又丰富了孩子的语言，提高了孩子的语言表达能力和社会交往能力。

　　2. 家庭游戏有利于培养孩子的主动性和创造精神。

　　即兴式游戏在家庭里开展得比较多，因而游戏常常没有固定的模式。这样，更多地要求孩子主动地独立构思游戏的内容，思考游戏的方式，要求孩子学会整理、运用自己的知识、经验并运用它们来解决游戏中出现的困难和问题，要求他们积极主动理解和把握游戏角色的社会化特点和职责，弄清各角色之间，角色与社会生活之间的关系，协调角色活动中的各种关系。由此，他们的探索精神也得到发展。游戏成功的喜悦、家长的鼓励与支持，也可以培养孩子更加勇于探索，勇于创造的精神。游戏还能让孩子勤于思考、善于思考、善于将自己的愿望和要求变成游戏中的"生活现实"，让孩子在游戏中设计童心悠游的世界。

3. 家庭游戏有助于形成孩子良好的品德和个性。

由于孩子的精神世界处于由白纸一张变为图画一幅的变化阶段，其品德的发展也具有极大的可塑性。他们对社会道德和社会行为规范的理解与接受，对是非美丑的辨别通常是在日常生活中通过各种活动，通过内心感受而发生的。孩子在家庭游戏中模仿什么、学习什么、拒绝什么与家长的行为示范和教导都有直接的关系。也就是说父母和其他家庭成员可以通过游戏对孩子的品德、个性施加影响。如游戏中学习怎样尊重别人，不霸道，有礼貌，爱惜玩具，学会公道，学会热情，学会自尊以及家长对游戏中孩子良好言行的表扬与肯定，对不健康苗头的批评与否定等，都能在孩子的大脑中留下深刻的道德行为印象，产生感性的道德认识和道德评价。我们知道，道德行为准则，道德情绪体验是渗透在孩子日常实践活动中的。道德理想和信念只能在日常生活和游戏中确定。抽象的讲解、教条的灌输不会产生明显的效力。如果发现孩子不大愿关心别人，不妨让孩子学做一个"医生"，通过耐心、细致、热情的"行医"表演，让孩子学会关心人，帮助人，善良并富有同情心。

家庭游戏可以帮助孩子变得活泼开朗，充满自信，形成孩子的自尊心、独立性、坚强的意志。游戏可以给孩子带来愉快，消除孩子的孤僻忧郁。通过游戏，孩子广泛而频繁地与家庭和其他社会成员交往，促进孩子与成人的情感和思想交流，使其性格活泼开朗。让孩子在游戏的成功中树立自信心，鼓励孩子勇于克服游戏中的困难，并在游戏中克服任性、执拗、娇气及依赖性强、独立性差的不良习惯。

4. 家庭游戏有利于促进孩子的身心健康。

我们说，游戏是孩子身心发展规律所带来的必然行为，又对孩子的身心健康发展产生重大影响。游戏的娱乐性、活动性在其间起着重要作用。

　　活泼好动是孩子的一个主要的年龄特征，家长应让家庭游戏适应孩子的这一特点来组织开展。所有的游戏都是在"动"中进行的。角色游戏、表演游戏、体育游戏等各种游戏常常能使孩子手、脑、五官、身体等多种感觉并用。适度的经常性的游戏活动能促进孩子身体的发育。骨骼肌肉在活动中也会变得有力量，有弹性，使肢体的反映灵敏迅速。有一种手指游戏，专家们通过分析测试，发现这种游戏中手指的机能活动与孩子大脑的发育和智力的发展有着极密切的关系。它可加速大脑言语区的成熟。在孩子 1 岁前就给他一些色彩鲜艳的玩具抚摸玩耍，以后又不断地提供给孩子一些活动手指的玩具，开展些活动手指的游戏，对孩子今后学习书法、绘画、弹琴等技能很有作用。

　　由此可见，活动性游戏不但能促进孩子体格的强壮，还能促进孩子脑机能的成熟和发展，促进孩子智力的发展。日本的井深大在对他的"活动肌肉，才能活动大脑"的命题进行论述时说："有的学者提倡'翻花钱'和'叠纸'等复杂地运用手指的游戏，以发展孩子的大脑。为了准确无误地完成这种复杂的动作，孩子就不能忽略每一个程序，并要高度集中注意力。这种复杂的手指训练，起着培养孩子集中注意力和增强毅力的作用……健全的头脑寓于健全的身体之中。"这种分析是很有见地，十分切合孩子的实际的。

　　美国的学前教育专家们认为，游戏对于孩子的心理保健是必要的。它可以成为孩子克服情绪紧张的一种手段，可以帮助孩子消除愤怒的心情。日本的学前教育专家们也认为，孩子通过游戏摆脱身心的紧张状态，有益于保持身心的平衡。弗洛伊德很早就认为，游戏能帮助人克服焦虑，发展自我，使孩子得以逃避现实生活中的紧张、约束，为孩子提供一条实现愿望、控制损伤性事件的安全的途径和方法。游戏对于孩子心理健康的影响是显而易见的。由于游戏活动的愉悦功能，因而使孩子

在这种充满情趣的活动中，总被一种平和的，安宁的，快意的或喜悦的精神气氛所笼罩，引发着健康的思维和积极向上的情绪活动。对最优化心理的形成有良好的功效。家庭中孩子的结构游戏、音乐游戏等游戏活动总是在一种消除精神负担，充满安全感、亲切感的环境中进行的。游戏过程使他们得到的是自由，是快乐的享受。没有什么环境比这更有利于孩子心理的健康发展。

由此带来了家庭游戏的另一种特殊功效，即它的治疗作用。这一点突出表现在能帮助孩子克服各种心理障碍，促进低常儿童的心智开启，这就是游戏治疗法。

家庭游戏对于有一般性心理障碍的孩子的治疗作用是十分明显的。

有一类孩子由于营养、环境、教育等因素的影响，导致其智力发展落后于同龄儿童。比如低刺激环境造成的智力发展迟缓。只提供和重视孩子生理需求的物质，而忽视其心理需要、单调孤寂的环境使孩子变得孤僻、冷漠、寡言少语，对周围事物反映呆滞。有一种回避型性格异常的病态心理现象，即是由于孩子缺乏与同龄人共同生活的环境而形成的，他内心有一种交际愿望，又担心不被人接纳，或被人抛弃、羞辱，自卑感沉重，因而行为上常是自觉不自觉的回避逃匿，或是畏畏缩缩，受人摆布。对于这一类孩子除在生活上多照顾，心灵上多安慰，不歧视外，还应注意使用一个重要治疗方法，即有针对性地设计、组织家庭游戏。适当增加各类玩具，并运用这些玩具为他组成一个丰富的感知世界，唤起孩子的兴趣与热情。让孩子在饶有趣味的游戏中多与玩具、与成人、与邻居孩子进行感情、语言、行为的交流，打碎他心灵自我禁锢的枷锁。家长一定要有耐心，树立信心，想办法用各种游戏来吸引孩子，为孩子提供丰富的刺激和良好的精神接触，满足孩子情绪上的需要。一般而言，对于这种一般性心理障碍，只要有得力的管理和训练，是完全可以改善或消除的。

对于精神发育迟滞的低常儿童的治疗，目前尚无令人满意的适用药物，通过开展经常性的家庭游戏来对孩子进行引导和训练，使他们达到可能的智力水平，也许会是一种较为有效的治疗方法。尤其是那些有一定的语言交际能力和社会环境的感受能力的孩子，可以组织以提高生活自理能力、身心健康水平及完善性格为教育目的的游戏，以开启他们的智力、发展他们的职业适应性与社会适应性。格伦·德曼博士创造了治疗脑障碍病儿的"德曼法"，即运用爬行游戏，对那些被诊断为中脑部分活动机能呆滞的病孩，不论他们几岁，一律反复进行强化的爬行游戏训练，以刺激中脑，使有缺陷的中脑机能得以恢复。在这方面，德曼博士认为，"双亲，是最好的医师"。

有这么一个很有名的育儿故事。19世纪初，德国出了一个名叫威特的神童,八九岁就懂六国语言,并通晓多门自然科学知识,他未满14岁就获得哲学博士学位,两年后又获法学博士学位,并被聘为柏林大学法学教授。谁也不会想到,他刚出生时就被认为是个傻孩子。因为他反应迟钝,动作呆板。但他的父亲却坚信通过教育可以使小威特聪明起来,父亲将写字、读书、算术等教育内容寓于游戏之中进行教育,还经常带他到野外嬉戏、游戏,给他讲各种关于动植物的有趣故事……使威特的知识和想象力逐渐丰富起来,终于使小威特才智超群,成为轰动德国的知名学者。

家庭游戏正是开启孩子智慧,促进孩子身心健康发展的极为有效的教育方式,不论是对心智先天正常的还是先天不足的孩子都有如此功效。

5. 家庭游戏有助于培养孩子的审美能力和审美观念。

游戏本身就是一种美的活动。之所以说它美,首先是由于它来自淳朴未凿的心灵,它是孩子内心情绪的自然流露,它是未加修饰的自然造型。从它那里我们能看到一个天真烂漫,童心灼灼的幻象中的世界。当孩子用树枝、牙签拼着花朵的时候,他创作出的,谁说不是世上最美丽的一枝呢?当孩子在沙滩上堆垒高山,开挖河流时,他那想象的江山不就是先民们的原始共产主义社会所依存的自然之母吗?孩子的游戏是孩子心灵的杰作,是天然去雕饰的碧水芙蓉。孩子通过游戏,还原和再现了美的心灵的本质,保留、发展和创造了他固有的审美理想和审美观念。

游戏之美,还在于游戏过程和游戏结果体现的物化的精神成品是美的。孩子在客厅中间搬一把小椅子反骑在上面,手里拿一个铃鼓当方向盘,他在那里脚蹬油门,左右转动方向盘,"嘀嘀!嘀嘀"地鸣叫着。他想象自己是一个真正的公共汽车司机,他那兴奋快乐的神情显示了当一个司机的满足。对劳动过程的模仿正蕴蓄着对劳动的渴望。这种情感是美丽的,孩子的神态淳朴动人,这是美的。孩子在爸爸妈妈的指导下，用各种色彩艳丽的花瓣，用各种形态的树叶，拼贴出各种生动的图案：尖尖的小船上坐着打花伞的小女孩，在长着芦苇的湖面漂荡，蓝天白云；一个小女孩，穿一条美丽的裙子，手里扬一条虹一样的彩带，在那里翩翩起舞，姿态婀娜。这优美的创作，流溢着无可比拟的美。这是孩子的美的创造。在这创造中，孩子将自己的整个身心投于其中，他感受着各种美的形态、美的线条、美的颜色，感受着物体的对称与和谐。这种感受和认识将成为孩子将来创造美的最重要的积蓄。这种积蓄又逐步形成孩子的审美能力和审美观念。当家长带着孩子在大自然中游戏时，大自然的一切都成了孩子游戏的组成部分。日月星辰、草木虫鱼是游戏的背景，是游戏的借用物，唤起孩子美好的想象，引发孩子极大的兴趣。自然美的陶冶，总能让孩子感受到生活的美，并激发孩子对美的生活的热爱，激发孩子创造美的愿望。

在运用家庭游戏培养孩子的审美能力和审美观念时，家长可以在如下几个方面起作用：第一，帮助选择适合孩子的最佳游戏内容和方式，提供丰富优美的感观材料，设置生动雅致的游戏环境，从提供具体的美的刺激物到形成孩子对社会美、自然美、艺术美的总体知觉和对美的总体感受以及总体把握。第二，将生活中孩子零星的审美感受通过以培养审美能力为主的游戏，形成孩子系统的审美认识活动，提高孩子的审美自觉性。第三，将游戏中所处的美的环境与游戏中体现的行为道德规范融合一体，通过对行为道德规范的形象理解和感知，形成孩子现代社会所需要的审美观念、审美情趣和审美规范。第四，根据孩子的身心发展特点，确定培养孩子审美能力、创造美的能力和近期目标和最终目标，并结合家庭环境条件在游戏中因材施教。

6. 家庭游戏有利于加深父母与孩子间的情感，在游戏中加深相互的理解与信任，构成和谐平等的家庭关系。

家长将教导与厉责变成孩子更能接受的游戏手段和游戏口吻，让孩子慢慢懂得父母的教育深意与良苦用心，更有利于树立父母的教育

权威。

　　家庭游戏可以帮助父母了解孩子的心理、性格、习惯，了解孩子的行动、语言、思维等方面的发展状况，利于对孩子进行因势利导、扬长避短的教育，从而培养有完善人格、良好个性、身心全面发展的有用人才。

第三节　玩具是陪伴孩子成长的天使

一、玩具的重要性

玩具是人生最初时期的伙伴。鲜艳的彩球、清脆的铃铛、柔软适意的长毛狗，时刻吸引着孩子的目光，刺激孩子的各种感官，孩子正是从认识玩具开始认识世界的。玩具与孩子朝夕相伴，常使孩子"废寝忘食"、"入迷如痴"。玩具能构筑令孩子迷恋的想象的图景。鲁迅先生称"玩具是孩子的天使"，就在于玩具在孩子获得感知、发展思维中有着特殊的意义，在于玩具能给孩子带来愉快和幸福。

玩具对孩子来说是重要的，有人称玩具是孩子的教科书，也有人认为玩具是孩子的启蒙老师。这是因为玩具除它本身蕴含着丰富认识素材外，还由于它能引发孩子的操作兴趣，培养孩子在探索中求知的欲望。苏霍姆林斯基说："孩子的智慧发展体现在手指上。"孩子在操作中，有效地刺激大脑皮层中的手指运动中枢，促进手脑的协调与发展。

玩具是游戏的"导具"。玩具的出现，扩展和丰富了游戏的内容。而对于幼小的孩子来说，又常常是看到玩具才想起游戏。正如我国著名儿童教育家陈鹤琴先生很早就指出的那样："玩固然重要，玩具更为重要，必须有许多玩的东西来帮助，才能玩得起来，才能满足玩的欲望。"玩玩具是孩子的劳动和工作。这种玩，还能对孩子的成才产生意外的效用。世界上最早发明飞机的莱特兄弟，曾这样自述："我们对于飞行最早发生兴趣是从儿童时代开始的。父亲给我们带回来一个玩具，用橡皮筋作动力可使它飞入空中……"由于这个能飞行的玩具，使他们将自己毕生的精力都用于航空事业。美国 11 岁的逻逊·史蒂华尔，5 岁时第一次玩电子游戏时被引发了研究电子游戏机的兴趣，从而使他在 11 岁时即成为有名的电子游戏机专家。虽然，由玩具"造就"的科学家是有限的，但包括科学家在内的所有的人，他们从玩具中获得的对客观世界

的认识，从玩具中获得多种经验，无不终身受益。

二、什么叫作玩具

对于什么叫作玩具，历来有多种不同的解说。有人认为，"玩具是社会生活和活动中适合儿童年龄特点的物体，以简化、概括和粗线条形式的再现。"英国玩具设计师奥德里·斯蒂芬森认为，"任何东西，虽不重要，而一个小孩能用它来玩的都是玩具"。也有人说，"玩具就是孩子们喜欢玩的东西"。我国有的教科书给玩具下的定义是："玩具是专供儿童游戏用的物品。"

综观上述定义，可以这样说，玩具就是孩子喜欢的并适宜于孩子游戏的任何物品。不能引起孩子玩耍兴趣的东西，不能称为玩具。玩具的外延是非常广泛的，除商店买来的玩具外，任何实物，当它成为孩子游戏的玩物，被纳入孩子游戏之中时，就可称为玩具。如孩子攀爬的滑梯、荡船、秋千、玩偶、纸屑、线头、瓶盖、螺帽、萝卜、沙和水等等。纷繁的物质世界对初入其中的孩子来说是陌生的，也是新奇的。现存的玩具为成人所设计，它加入了成人对孩子的理解与爱。除此之外的各种日常生活用品、各种自然物品、废旧物品，能成为孩子的玩具，则是由于孩子通过他们的大脑活动，发现了他们自己喜欢的因素和可玩的部分而成为孩子嬉戏的玩物。为了丰富孩子的感知，成人应为孩子提供丰富的玩具，包括成品、半成品，尤其是各种可以发挥孩子想象力和创造力的材料。

三、玩具的魅力

玩具的魅力是奇特的。玩具鲜艳的色彩，复杂多变的形象，新颖奇特的造型，优美动听的声音，以及像电子游戏机显示出的强烈的动感和生动剧烈的情节画面等都可能吸引孩子的目光，使孩子迷恋。

这些玩具，常常是截取大自然及人类社会的某些典型特征并加以形象化或是夸张性的表现，反映人们对自然，对生活的情趣、追求和向往。孩子在与这些玩具的交往中，在使用玩具开展游戏的过程中，保证了他们接触自然，参与社会生活，认识周围世界愿望的实现。玩具给了孩子美的图景。与其说孩子是生活在现实里，倒不如说他们是生活在由玩具构成的、自己所想象的幻想里。现实生活除影响他们的生存条件外，那些功利性的追求物质利益的活动和欲望都被排除在他们的精神世界之外。孩子用玩具构成的世界虽然在成人眼里是单调的、简陋的，但对孩子来说却是其他物质、活动不可替代的精神寄托。为此，他们被深深地吸引。

玩具的魅力既在玩具的外观和外在神韵上，也在其内在特性上。

1. 色彩鲜艳，斑斓耀目。

色彩是玩具最直观的特点之一。鲜艳的色彩作用于孩子的视觉，总能刺激起孩子视神经的兴奋，引起触摸的欲望。色彩的鲜艳是玩具外在美、形式美的体现。对美丽色彩的喜爱是人类与生俱来的最早的感情表现。孩子一睁眼能见到一只彩色气球，便以四肢的活动来表现他的欢喜的感受。孩子对玩具色彩的要求是很高的。虽然许多3岁以前的孩子不一定能说出各种颜色的具体名称，但孩子在选择玩具时对色彩鲜艳玩具的偏爱则表明了色彩对玩具魅力的影响。

民间玩具的制作者们十分重视玩具色彩对孩子的吸引力。他们在用黏土和鸡毛做成的各种小鸡的身上涂满红、黄、绿等各种艳丽的色彩，满满地插在裹着稻草的扁担上，花花绿绿的色彩艳丽耀眼，吸引了一路上孩子的目光。有一种智力积塑片，由六种颜色、180种不同规格、大小、形状各异的几何图形组成，这些彩色积塑片能使孩子联想起自然物的色彩。红色的为太阳、花瓣及金鱼等；黄色的可以做花蕊，做小鸡身子；绿色的可以做树叶、草、屋顶等。由于颜色的变化多样，从而丰富了玩具拼摆物的结构。显示了自然万物的绚丽与奇异，增加了孩子对颜色的认识，丰富了孩子的联想，使孩子因悦目而赏心。色彩是玩具的一个基本的要素。斑斓动人的彩色玩具是装饰孩子美丽的童话世界的最好物品。

2. 形状各异，富于变化。

玩具有着各种各样的外表形态，由于物质世界本身形态的丰富性，来源于客观生活、表现客观事物的玩具自然也是千姿百态。人民群众和玩具制造专家们在创制玩具过程中既注意到使玩具在外形上色彩纷呈，又尽力使其具有千变万化的形态，尽可能满足孩子对形体认识的需要。

对玩具形态的表现有如下两大类：一类是拟真型。这类玩具追求的是此物与原物外形的酷似与逼真，即追求形似。玩具常常只是对原实物外形按比例的缩小，如玩具锅、碗、桶、铲，仿制生活实物用品，以供孩子玩耍，练习操作。这类玩具作为一种现有事物的表现形态，它能比较准确地再现实物原貌，增加孩子认识的客观性程度，也可能使孩子由认识玩具到认识劳动工具的过程提前实现。但有些玩具由于其形态与实物如出一辙，因而限制了孩子思维的迁移和想象与创造力的发挥，限制了孩子的"以物代物"行为。

另一类是夸张型。这类玩具通过变形手法，突出某一事物的某一固有特征来表现自然实物和日常生活用品、人物、动物及物品。这类玩具特点表现在：第一，能增强玩具的娱乐性，激发孩子的游戏兴趣；第二，能使孩子加深对玩具所表现的客观事物的特征的印象和理解；第三，夸张变形的玩具往往显得滑稽可笑，幽默风趣，可以培养孩子的幽默感。

玩具"富于变化"表现在一个玩具实体能变化出多种形态，显示出事物特征的多个层面和变化的复杂性。如魔棍、七巧板、魔术拼盘等。这类玩具能在变中生趣。玩的过程中通过"变"能提供丰富的刺激，使孩子玩的乐趣贯穿于整个玩的过程。玩具变化中显示的奥秘奇幻无比，能引发孩子强烈的探究意识，因而，孩子就越玩越有兴趣。

孩子大一点以后，家长应适当提供这类能促进思维发展的玩具。比如魔术拼盘，是由八块重量、周长相等，形状、颜色各异的 ABC 塑料块，在一正方形盒内拼装而成的智力玩具。它虽只有八小块，但可以拼出 48 种以上的图形。全部拼出则要花费一番工夫。它首先要求孩子各种拼法的空间想象和设计，让孩子认识平面形体，培养孩子结构思维能力。同时这类玩具变化的魔幻色彩浓，孩子玩起来能埋首其中，聚精会神。这无意中也培养了孩子的耐性，促使他们养成做事集中精力的习惯。由于图形丰富，只有熟练，才能拼得更快更好，所以又培养了孩子反应的灵敏度和手的灵巧性。

3. 声光兼备，生动有趣。

有声有光的玩具又有另一种趣味。它通过声和光作用于孩子的听觉和视觉器官，调动孩子操作的兴趣。常见的发声玩具有拖拉玩具、铃鼓、小钢琴、橡塑发声玩具、电子八音盒等。简单的发声玩具一般发音单调，没有节奏和旋律。如拖拉玩具是放在地上用绳子牵着，利用轮子的滚动使得机械装置发声。橡塑发声玩具是一种空心玩具，通过挤压空气，使得安在玩具上的音哨发声。有的发声玩具具有优美动听的音响，逗人的形象和动作，具有音乐娱乐价值。它可以增进孩子对音乐美的感受，满足孩子对音乐旋律和节奏的兴趣。也常能引发孩子拨弄、敲击的操作欲望，表现自己的"音乐创作"能力和"天才"。

有些玩具能模拟动物叫声，如猫、公鸡、小羊的叫声，能提高孩子的游戏兴趣。另外，必须指出的是有些模仿特种音响信号的拟声玩具有不利的一面，如模仿警笛、消防、救护车的尖啸，常能乱真，既造成噪声污染，又造成人心理的紧张。而且，当孩子熟听此声后，会使孩子混淆对这种声音的认识，令其丧失警觉，应谨慎使用。

常见的发光玩具有光靶、小熊照相、有车灯的小汽车，发光枪等。这类玩具一般以电池为光源。按动按钮便能发出多种光色。有的还伴以发声，极富趣味。

4.符合孩子的身心发展特点。

玩具的制作和制造一般都考虑了孩子的身心发展特点。若在家庭制作和在商店选购玩具时，不考虑孩子的身心发展特点，则会使玩具失去魅力。若玩具所拥有的智力要求超过了孩子的理解力，即使这种玩具有极美的外表，也难以引起孩子的兴趣。如果某种玩具不符合孩子的动作水平，即使价格再高其趣味性也会不复存在。

我们说凡是符合孩子身心发展特点的玩具都是孩子喜欢的玩具。这是因为：第一，孩子生来是好奇、好动、好模仿的，若让孩子不动，或者较长时间里让孩子处于某一种姿势，他们有关的肌肉就会呈紧张状态，有时甚至会损伤肌肉的弹性。因此，"动"是孩子最喜欢的，玩具恰好具有形态各异，变化多样的特点，它能使孩子的感官处于不断活动变化的情境之中，使他的好奇、好动充分得到满足。玩具是提供孩子模仿成人活动的最好物质。他用玩具模仿父母做饭，模仿工人建房子，模仿战士打敌人等。在模仿活动中，即使孩子的模仿欲望得到满足，又帮助他们了解和认识了成人的劳动工具、人际交往的程序等。孩子虽不懂得成人劳动的实质和意义，但他们利用玩具来模仿、来学习，可使好奇心和求知欲得到满足。为此，他们喜欢玩具。

第二，孩子总是从直觉的行动或具体的形态出发，来认识事物的。且认识活动的情绪性极大，自我控制力也差。由于生理心理机能的不完善，因而孩子在认识活动中，缺乏克服困难的能力，不能根据客观需要来控制自己的行动。行动往往受兴趣、情绪或外来刺激的影响而改变方向。他们很少独立克服困难去完成一项困难度较大的认识活动。而玩具对孩子来说，它的职责就是让孩子玩。认识事物的作用是隐含于玩的过程之中的，它能使孩子在轻松、活泼、愉快的过程中认识事物、发展能力，根本不需要孩子花费很大的毅力去克服困难。这也是玩具之所以被孩子喜欢的一面。

四、玩具的教育功能

具有教育功能是玩具的特征之一。一方面，玩具本身具有知识性、鲜明丰富的色彩、形象动人的造型、复杂多变的功能以及声光兼备的趣味性，因此它们能丰富孩子的认识，加深孩子对周围客观事物的特点的理解，增加关于物体颜色、形状、大小、轻重、几何图形、立体概念等方面的粗浅知识，培养孩子对科学的兴趣。另一方面，玩具作为游戏的物资基础，在游戏中，孩子只有通过玩具，想象力才能得到发展。在玩具的使用中，以物代物行为的出现，使孩子的认识从对个别物体的认识转向对某类物体特征的概括性认识，转向对物体关系的认识。玩玩具的过程，也是发展手脑协调的过程，发展动作的过程。孩子又由于玩具而建立起与周围人的广泛联系，在这种广泛的社会性交往中，孩子认识了自我，发展了自我意识，同时也培养了良好的行为习惯以及良好的道德情操。在孩子的发展中，玩具的这些教育功能是其他教育形式不可取代的。在家庭教育中，家长们应对此给予充分的重视。

第四节　如何正确处理家庭游戏与玩具的关系

一、家庭游戏的物质基础——玩具

游戏是一种活动，是孩子的一种主要活动。对于学龄前孩子来说，他们的活动必须涉及一定的物质对象和工具。这里所说的物质对象和工具就是指人们的日常生活用品、现有的玩具以及一些废旧物品、自然材料和闲置物品等。如果这些材料和物品被孩子使用到游戏活动之中，那么它们就成了玩具。孩子的游戏活动是通过玩具来开展的。离开了玩具，游戏就无法进行。例如，孩子用胶粒积塑、积塑片、积木、娃娃（空眼药瓶）等玩具来玩构造"地下商场"的结构游戏。在游戏中，如果缺少了上述玩具，他的构造活动就只能靠抽象逻辑思维在大脑中进行，而学龄前孩子是以具体形象思维为主的，离开了具体玩具，思维就很难顺利进行。所以，"地下商场"就构造不成，这个结构游戏就无法进行了。

玩具是游戏的物质基础还表现在孩子的思维方式上，学龄前孩子是以直觉行动思维或具体形象思维为主的，而思维的发展又是孩子成熟的标志。思维的发展与具体协调的动作和具体的物体形象是紧密相连的。这种关系表明，孩子的认识是在动作中开始，在活动中进行，且通过动作和活动表现出来的。这里孩子动作的对象便是客观物质即玩具，活动的方式便是游戏。孩子只能在游戏活动中运用玩具来发展思维，开展认识活动，提高认识水平。那些徒手游戏只能使他们保持短暂的兴趣。在家庭里，成员少，而彼此又异常熟悉，所以，徒手游戏更是难以开展。因为孩子认识、想象和探究的范围有限，家长组织游戏时向孩子提出的要求也可能会显得空泛，游戏的目的也就难以达到。玩具是将孩子导入游戏的工具，玩具的颜色、形状、大小、数目等都是孩子分辨的对象和学习的内容，它对孩子思维的刺激直接而具体，更易于达到引导孩子认识身边事物特征的目的。所以，只有向孩子提供相应的玩具和材料，才能激发孩子游戏的兴趣和欲望，提高孩子的游戏水平。

二、玩具越多≠游戏开展得越好

有的家长认为玩具多了，孩子的游戏会开展得更好，孩子认识的事物就越多，智力就越能得到发展。所以他们提供给孩子尽可能多的玩具，让孩子泡在玩具堆中游戏。孩子在玩具堆中游戏好不好呢？

美国著名教育学博士 R. R. 克拉特根据游戏和探究活动的特点，对 8~12 个月婴儿的行为进行了观察，通过观察、分析，克拉特博士得出了玩具数量与游戏行为关系的结果。她认为在刺激较丰富的家庭环境中生活的孩子很喜欢游戏和探究；在刺激单调的环境中生活的孩子的游戏和探究行为则相对较少；但是当刺激物的数量突然变大，比如突然为那些孩子增加大量的玩具和伙伴，又会导致"刺激超载"，使孩子的游戏行为反而减少，同时使探究行为呆板而其防御性成分增加。这一现象给了我们这样一个启示：玩具越多，孩子的游戏行为越少，同时探究行为越呆板；玩具越少，孩子的游戏和探究行为也相对较少；只有玩具丰富而又适量，孩子才会产生适当的游戏行为和探究行为。

从孩子的游戏活动来看，过剩的玩具不仅会导致"刺激超载"，压抑孩子的游戏行为，而且还可能使孩子认为反正玩具多，摔坏了、丢失了无所谓,逐渐养成了不爱惜玩具的坏习惯。由于玩具多,孩子又天生好奇,因此,孩子的游戏行为始终在不断地受到各种玩具的刺激,玩具对他行为的左右,使其游戏过程无法深入,主动性得不到发挥。在选择玩具开展游戏时,孩子也会表现出游移不定的行为,没有主见的个性行为也会随之形成。在家庭教育中,家长们必须打破由于提供过多的玩具使孩子成为玩具"收藏家"的格局,解放孩子的手脚,用适宜的玩具来吸引孩子,使他们用较高的热情和浓厚的兴趣去游戏,去进入角色,发挥能力,运用知识,使他们有效地利用玩具来深化游戏的主题。

三、家庭游戏与玩具的选配

不同的家庭游戏可以选择不同的玩具来开展游戏，也可以选择相同的玩具来开展。游戏对玩具的选择并无一定之规。有时这一类游戏可以选配对应的玩具和材料。有时这一类玩具和材料可任意用作另一类游戏中所需要的工具。玩具与家庭游戏的对应可以通过想象来构成，想象力越丰富，玩具的适用范围就越广。例如，孩子们玩"办医院"的角色游戏，他们用桌子、凳子、听诊器、药瓶玩医生看病的游戏，也可以用桌子、凳子、方盘、注射器、药瓶等玩具来玩注射室的游戏。而在玩结构游戏"构造医院"时，孩子们用积木、积塑、碎纸、娃娃等来构建医院模型。这两个不同的游戏选用的是不同的玩具，以表现各自的内容。但孩子们也可以选用桌子、凳子、听诊器、方盘、注射器、药瓶来玩结构游戏，构造一座美丽的、设备齐全的医院。两个不同的游戏可选用同样

的玩具，但同样的玩具又可在不同的游戏中起不同的作用。在角色游戏中它们被孩子们用来作为表现人们之间的交往活动的工具，并通过这些玩具来模仿医生、病人、护士等社会角色的行为。在结构游戏中，它们是被孩子们用来表现建筑工人的建筑活动，通过这些玩具模仿建筑活动，以满足他们的求成欲，发展他们的结构思维，

　　家庭游戏与玩具的搭配并没有一定之规，游戏时孩子们可以借用自己的想象来支配玩具，赋予玩具新的功能。这也是孩子们的创造能力的表现。如孩子们用积木代替娃娃、杯子、肥皂、炸弹（体育游戏"炸碉堡"）、桥墩等，用以替代的物品可以是多种游戏中的玩具。这种玩具的不定功能是孩子们想象丰富的表现。反过来说，若一个孩子每次都只能用固定的玩具来玩游戏，那么他的想象就是不丰富的。所以，在家庭游戏中家长应引导孩子学会运用同样的材料、玩具去开展不同的游戏，培养他们的创造能力和想象能力。不要让孩子形成某类游戏只与某类玩具匹配的固定模式。

第二章　家庭游戏的组织

第一节　组织家庭游戏的有利条件

一、依恋的纽带

孩子对亲人的依恋是人间最普遍、最具情味的一种情感。当一个人步入垂暮，他的思维总离不开对亲友、对故园和故人的眷恋，也永远忘不了童心灼灼的孩提时代。维系这种人伦之情的固然是由于那永远也扯不断的血缘关系，更由于彼此长期一处相守，相濡以沫，相与嬉戏，同沾甘霖，同承苦辛的活动。

一个孩子在他的人生中，对父母曾带给他的快乐的游戏，总会留下强烈而深刻的印象。游戏时带来的乐趣令他终生回味，由此而引发的对父母的深情，对家庭温馨的怀念总会萦绕心头。就此而言，家庭游戏又是家庭幸福欢乐的源泉。

爱子之情，生于父母的本能，生于父母对其天职的忠诚。这种爱常与对孩子成才的渴望相随，既然如乌克兰谚语所言：老、死和孩子不成才为人生三大不幸，那么为孩子成"大器"而竭尽心力则是一种父母之爱的最高形式，为着孩子智力的开发和技能的形成，父母的爱心是必不可少的。

但当父母对孩子奉献自己诚挚的爱心时，并不意味着孩子因此也有了爱心，为了培养孩子纯真的人伦情感，必须同时发展孩子的心智，智力低下也就无所谓情感的存在。所以，皮亚杰说："在整个儿童和青年时期……情感和智力乃是不可分的，它们构成人类行为相辅相成的两个方面。"培养孩子爱父母，爱社会的最好手段，就是家庭游戏。通过家庭游戏的开展，促进孩子生长发育，开启孩子的智慧，让孩子从父母那里获得爱，懂得爱，理解爱，学会爱。孩子喜欢玩"过家家"的游戏，在这游戏里，孩子获得的不仅是对社会关系的认识，也体验到了一种最无私的情感。她学着照料，学着关心，疼爱，了解平等互助。家长可通过游戏教孩子模仿父母的爱心来对待娃娃，同时也应启发孩子，教育娃娃要关心爸爸妈妈。以家庭游戏的形式来培养教育孩子，会使家庭气氛更和谐，父母与孩子间情感也会异常融洽。

学龄前儿童，特别是3岁前的孩子，对生硬的说教、摆事实和讲道理的说服教育方式很少接受，因为他们已有的心理发展水平还无法理解抽象的说理，更无法按成人的主观意愿进行自我塑造。他们处于模仿时期，一切的行为都是模仿的结果。他们爱、恨的观念，情感、情绪的体验，主要是通过游戏形式来形成和建立。家长有意识地通过游戏对他们进行情感熏陶，使他们无意中形成对亲人的依恋及其他种种美好的情感。父母经常为孩子组织一些愉快而富意味的家庭游戏活动，可使孩子逐步形成由爱父母到爱天下所有的人，爱我们伟大的祖国的高尚感情。

二、有针对性地引导

孩子喜欢游戏，但孩子游戏时成人应给予适当的指导、引导和组织，决不能放任自流。完全放任自流的游戏是不能充分发挥其应有的教育作用的，且有可能由于孩子选择和开展了不健康的游戏，使得孩子行为产生偏异。

在幼儿园，孩子生活在一个大集体当中，孩子的集体主义精神，孩子的自我控制能力等都可在游戏和作业中得到锻炼和发展。但孩子的个性则常常难以得到充分的展示和发挥，某些性格偏向也常常难以得到矫正。如一个胆小的孩子本应有较多的锻炼机会，以使其心理品质缺陷得到补救。但或许会由于胆小而逃避过多，致使缺少了在游戏活动中担任主角或负责人的机会，失去了改变胆小性格的机会。在家庭游戏中，只要家长有目的、有耐心地为孩子克服这种心理缺陷而提供机会，孩子就能获得健康发展。俗话说："知其子者，莫过于父。"在家庭中，父母是最了解自己的孩子的，从孩子的一言一行中父母都可察觉出他所思所想的是什么。自己孩子的优缺点和身心发展的特征家长们也最清楚和明了。在家庭中，父母可以针对自己孩子的特点，帮助、引导孩子选择游戏主题和开展游戏，以克服和改变孩子的某些行为偏差和心理缺陷，让孩子在游戏过程中培养和形成符合家长和社会要求的优良行为。4 岁的荣荣是个聪明的孩子，但他就是自我控制力差，做事没耐心。他的妈妈经常在吃饭后，与他一起玩"穿珠子"的游戏，在比赛的过程中谁的珠子穿得多又快，谁就可得到一架纸飞机。荣荣最喜欢玩纸飞机，他为了得到飞机，能坐在那里认真地穿十几分钟的珠子。这样就能使他那坐不住、做事不细心的习惯得到改善，逐步形成办事认真、仔细的习惯和自我控制的能力。一般而言，孩子的模仿对象常常是他最感兴趣最亲近的人或事，不管是正面的还是反面的。如有的孩子喜欢模仿孙悟空、济公的神态等等。有的孩子则喜欢模仿老爷的神态、《希瑞公主》中的魔鬼等。如果模仿兴趣不恰当地发展，对孩子的健康心理的形成是有害的。做父母的应组织"黑猫警长"、"小熊请客"等有益于孩子身心的家庭游戏，引导孩子学习正面形象和模仿一些健康的言行，因势利导的帮助孩子学会理解、分辨人物形象的内在品质。

　　针对孩子的特点来组织好家庭游戏，还能使孩子学习和活动的潜力得到最大限度的发挥，促进孩子智力、技能最大限度的发展。父母针对孩子的特点，帮助孩子选择好了游戏主题之后，应热心地尽可能以游戏者的身份和游戏角色的口吻参加孩子的游戏。

三、不同年龄儿童相互学习，相互影响

　　幼儿园的班级是按年龄编排的，同年龄段的孩子在一起生活、游戏。这样编排便于幼儿教师和托儿所阿姨开展教育、保育工作，便于班级生活作息制度的实施。而对于不同年龄的孩子来说，他们都具有强烈的相互交往愿望。比如，一些年龄小一点的孩子总喜欢同年龄大一点的孩子玩耍和游戏，这种交往需求在幼儿园里一般不能使孩子得到很好的

满足。在家庭里，孩子可以自由地选择游戏伙伴。同邻居小哥哥小姐姐的交往是孩子发展社会性的需要。事实上，不同年龄的孩子在一起游戏玩耍，相互所产生的影响是父母所不及的。

在不同年龄孩子们开展的游戏里，大孩子在游戏中往往处于主导地位，常常是游戏中的组织者与领导者。不管哪个年龄段的孩子都有着不同程度的领袖欲、组织欲与管理欲。年龄越大，这种欲望越强烈。在同龄孩子的游戏中，他们的欲望并非时时处处可得到满足，但在这种家庭游戏中，大孩子的领袖欲、组织欲、管理欲便可得到充分的满足。同时大孩子的领导才能和组织、管理能力在这种联合性家庭游戏中也可得到锻炼和提高。

大孩子、小孩子，他们都同属于学龄前阶段的孩子，他们开展的游戏都是假想的，游戏时都是以具体东西为游戏的材料，游戏时所追求的目的都是快乐。因此，在开展这种联合性家庭游戏的过程中，大孩子的思维方式，行为方式，言语都可能直接影响小孩子。小孩子通过无意识的模仿活动很快便形成了他自己的思维方式和行为方式。这种影响力往往大于成人对孩子的教育效力。同时，小孩子在游戏中还可向哥哥、姐姐学习适应于他的年龄阶段的各种能力、技巧。

从现在越来越多的独生子女家庭来看，许多孩子在家时都处于中心地位，特殊地位，使孩子可能形成唯我独尊的异常心理。由于现在居家的独门独家特点，孩子的社会性发展受到了严重影响。孩子是具有合群意识的，他们喜欢同伴，需要同伴间的交往。因此，通过这种联合性家庭游戏的组织，可使孩子的那种唯我独尊的小皇帝心理得到改善。游戏中还可令孩子学会控制自我的能力。同时，由于这联合性家庭游戏的开展，促进了孩子间的相互团结和家庭间社会交往的和谐。

四、良好的游戏情境

良好的游戏情境是孩子更好地开展家庭游戏的需要，孩子只能从快乐生活中，从符合孩子身心发展层次的大量丰富的充满娱乐性和知识性的成长环境中，获得他发展所需要的一切。若没有这些作为基石，要孩子成才只能是良愿，并不能成为现实。美国的"人造"神童赛达斯就是一个例证，他6个月认英文字母，2岁能看懂中学课本，4岁时就会撰写文章并发表，12岁破格进哈佛大学。但当他14岁时并未进入"出成果"时期，而是因精神病入院了。究其原因是因为他的父亲望子成龙心切。从赛达斯出世起，其父亲便开始施行他的教育计划，他用各种正规的学习活动充斥了赛达斯的整个游戏活动时间，用各类教科书取代了孩子的玩具，整日整月整年的"苦读"使得赛达斯过早成熟。游戏活动与玩具的快乐童年生活被剥夺，本应从家庭丰富多彩、充满情趣的生活中获得知识、经验的积累，但由于书本的沉重负担，抽象知识的无限超载，使得天资聪颖本可成才的小赛达斯的神经系统功能失常，成才也化为泡影。这是十分令人惋惜的。

给孩子提供一个娱乐和开心的家庭游戏情境，使孩子充满强烈的参与游戏的欲望是组织好家庭游戏，培养孩子兴趣和求知欲的关键。良好的家庭游戏情境可帮助孩子建立良好的游戏习惯，可促进孩子的社会化，更重要的是它能给孩子提供丰富想象的材料和发明创造的机会。

怎样为孩子创造一个良好的游戏情境呢？

1. 提供一块供孩子游戏的场地，并加以艺术性修饰。

游戏场地是家庭游戏得以正常、顺利开展所需要的物质环境条件。没有一个令人满意的游戏场所，游戏也难以有趣味地开展。年轻的父母们都应尽可能为孩子提供一块游戏场地。家里的房子面积再小也应该开辟、布置好必要的游戏空间。游戏场地小则可以是一个装玩具的抽屉，一张小桌子，以供孩子摆弄玩具和制作玩具。有条件的家庭可为孩子提供一个专门的居住、游戏、学习、娱乐用的房间，可以让孩子和家长一起对房间进行艺术性装饰。如剪几个孩子喜欢的原色动物、人物图案，悬挂几件玩具小饰物装饰玩具柜，墙壁上贴一两幅儿童故事图。柜中玩具的摆设也应以美的标准来审视，给孩子一个整洁、清晰的整体情境印象，以刺激孩子的游戏欲望，使孩子在美的家庭环境中以良好的心境来开展游戏。另外，游戏场地还应保持干净、卫生，便于孩子趴在地上玩玩具或在地上开展爬行活动的游戏。

2. 购买和自制一些合适的玩具或游戏材料，有利于孩子家庭游戏的开展。

玩具是开展游戏的物质基础，缺少或者没有适合的好玩的玩具，游戏便难以进行。玩具是成人现实生活中的物品的替代物，它能激发孩子回忆生活体验和反映现实生活，在游戏中孩子可借助玩具抒发自己的感受。孩子的许多知识是在玩玩具的过程中获得的，一些基本能力也是在玩玩具的过程中形成的。在家庭游戏中通过玩各种合适的玩具，运用各种玩具材料可帮助孩子建立良好的自我认定和健全的自我意象。而知识、能力又为孩子开展和家长组织游戏起促进作用。

日本教育家石井威望在谈到孩子感知和学习时说："听一听，会忘光；看一看，都记牢；试一试，一下全明了。"这是说认识事物，需要多种感觉运动来感知。这里有一个前提，就是要有感知的材料。在家庭游戏中购买和自制一些合适的儿童玩具或游戏材料是发展孩子认识，扩大游戏情境，开启孩子智能的有效方法。家长们不妨购买和制作一些玩具和材料来设计一个供孩子娱乐和开心的游戏情境。至于怎样购买和制作玩具我们将在第三章中谈到。

第二节　好游戏的标准

　　要组织好家庭游戏，先要明确什么是好游戏，什么是不好的游戏，什么样的游戏对孩子的智力、技能、品德、个性的发展有利，什么样的游戏是有害于孩子的身心健康发展的，这是组织好家庭游戏首先要解决的一个认识问题。

　　好的游戏可使孩子废寝忘食，有些内容不健康的游戏也有可能会使孩子的兴趣在相当长的一段时间里保持。作为家长该如何判断这些游戏的好坏、价值的高与低呢？下面我们谈到的好游戏的标准可能给您一些启发。

一、发挥主动性

　　好动是孩子的天性，如果一个游戏能充分满足孩子"动"的欲望，使他从"动"中获得身心的快感，这样的游戏便是好游戏。如孩子们最喜欢在"神奇的孙悟空"游戏中扮演孙悟空这一角色，他们一会儿去探险，一会儿去捉妖怪，一会儿又去摘仙桃充饥……整个游戏中他们一刻也没闲着，他们始终以浓厚的兴趣参与游戏，以主人公的形象出现在游戏之中。为什么？因为孩子们喜欢这个具有神奇本领的齐天大圣，也希望自己像大圣一样有本领而被人羡慕。同时这种游戏为他们提供了一个富有情趣的"动"的天地，"动"中扩大了孩子们与外界接触的范围，能使他们充分运用想象，体验神奇，创造情节和气氛，他们的主动性、积极性得到了很大的发挥。当孩子的兴致被某一游戏的"情趣"勾动后，兴趣流动的惯性便会使孩子竭尽全力地游戏，直到心理上获得最大满足，精力得以充分地宣泄。在游戏中孩子们常常玩得汗流浃背，即使精疲力竭也无乏累之意，游戏行为往往难以终止。有时他们被游戏的奥秘所吸引，又会凝神屏息，聚精会神，积极思索，认真探究，表现出充分的细致和极大的耐性。能起到这种作用的游戏便是好游戏。孩子们有时玩那种不健康或内容、形式不恰当的模仿性游戏也会"饶有兴趣"，如孩子们模仿个别幼儿教师或家长用惩罚、恶语、打骂的方式教育孩子的言行，并以此为乐。这是由于孩子不知分辨，只知模仿，而家长又未加引导所带来的孩子的游戏行为。这种游戏，对孩子的健康心理和正确言行的形成是有害的，这样的游戏就不是好游戏。

游戏中能使孩子有充分表现自己的机会，游戏的进程和孩子的游戏活动方向都能因他们兴趣的转移而转移。能使他们成为游戏情境的主宰者和主动者，而不是由外部强加给他们的不自愿的游戏，能充分表现自己的情绪和独立运用自己思维的游戏，都是好游戏。有的家长为了图方便，省力，天天都让孩子玩布娃娃或积木。虽然布娃娃或积木能给孩子带来一定的乐趣，但长期以这种单调的游戏来刺激孩子，陪伴孩子生活，他们的积极性和主动性就得不到充分的发挥，有时还会出现不良的游戏行为，如摔打布娃娃以发泄自己心中的不满情绪，或者把积木扔得这里一块那里一块，以表示自己对乏味游戏的反感。

那些能让孩子积极主动参加、自由发挥的游戏可以使孩子的主观意愿自由畅达，在游戏正常运转的情况很少受到成人主观意愿的干预，游戏中孩子们能自由幻想，憧憬理想境界中的一切，这种"浪漫"情绪的满足常常是游戏内容得以扩展与深入的原因之一。如一个孩子想当司机开汽车，他反坐在椅子上左右摇晃地开着"汽车"，摇着开着，他忽然觉得自己的动作好像骑马，于是他又当上了骑手，骑着"马儿"在幻象世界中独来独往。在这种游戏中他能尽情且能尽兴。这样的游戏就是好游戏。

二、发挥创造力与想象力

想象是人脑中对已有事物的表象进行加工改组而创造新形象的思维活动过程。对孩子来说，他们思维创造性的发展是以他们的想象的发展为基础的，孩子想象的最初表现是把日常生活的某些行为反映到简单的模仿游戏中。一个好的游戏应该能让孩子反映成人或者他们自己的日常生活，能让孩子通过想象与模仿，使现实中的具体行为演变为具体的游戏行为。随着孩子年龄的增长，他们的创造欲，想象能力也不断发展，由简单模仿到简单的创造的发展变化过程中，孩子对游戏的要求也就更高，4～7岁的孩子，他们把现实生活中的具体行为通过想象与创造可以变成一种他们不曾见过或现实生活中不曾有过的行为。由于他们的创造欲望和想象目的的实现，这种新行为的发明与创造就会带给他们极大的兴趣，给予他们极大的快乐。他们还能在游戏过程中体验成人自由支配自我行为的快乐，在一定程度上也满足了孩子行为自由、行为社会化的需要。

在角色游戏"饲养场"中，孩子作为一个饲养员要为各种动物准备食物，这就要求孩子了解各种动物的生活习性，外貌特征。在饲养过程中，孩子可以想象自己是一个驯兽师，在训练场中还可创造性地表现一个驯兽师如何训练动物做各种动作的表演以及开办动物学校，而孩子又可作为学校的教师模仿幼儿教师的言行给动物们上课……这个家庭游戏丰富了孩子的知识，重要的是在游戏中孩子可以自由的想象和"随心所欲"的创造，在这种想象和创造的游戏中孩子的潜能得到了充分地发挥。

三、智力和体力水平相适应

在家庭里，家长要针对孩子的身体发育特点和水平选择游戏。每一个孩子都是一个发展的个体，他们脑的发育很快，6岁时脑重约为1250克，占成人脑重的9/10，但他们骨骼的骨化过程还没完成，心脏的负荷力较差，呼吸道较成人狭小。鉴于这些特点，家庭游戏的时间不能过长，进行家庭游戏时不能过于激烈，以免增加孩子心脏的负荷量，导致心动过速。当孩子的活动量超过限度时，可让活动停下来，让孩子去看看书或开展剪贴美术活动等的游戏以调节活动量。如家长和孩子一起坐在桌前玩计算游戏，游戏形式新颖，孩子有很大的兴趣，玩半小时就足够了，若要孩子坐的时间过长，那是不符合孩子的体力状况的。长期如此，轻则孩子厌倦，重则可能使正在发育的脊椎弯曲。但是游戏时间太短，孩子的体力得不到应有的训练，与外界环境的适应能力就得不到提高。因此只有适应孩子体力发展水平的游戏是好游戏，它能促进孩子的身体健康成长。

家庭游戏还必须适应孩子的智力水平。不同年龄的孩子知识能力、已有经验、技能技巧、接受能力、个性特征等都是不相同的，就是同龄的孩子智能水准也不一样。因此家庭游戏以适应自己孩子的智力水平为宜。从游戏内容来说，不能太浅，也不能太深。游戏内容太浅，孩子很快且不需费力就能完成，不能满足孩子的求知欲。平淡无奇，也会让孩子玩得不"过瘾"，玩上几次，他们就不会再去玩这类游戏了。游戏内容太深，孩子绞尽脑汁也无法完成游戏过程，久而久之还会使孩子产生自己无能的自轻自卑心态，以致丧失积极性，此类游戏就达不到促进孩子智能发展的作用。造成这种后果的原因一是由于父母不太重视孩子的游戏活动；二是由于对孩子希望过高，操之过急；三是不了解孩子的智能水准。比如：爸爸给3岁的梅妮买回了一套机械结构积塑，梅妮好高兴，可小梅妮只玩了三四次就再也不玩了。因为这套机械结构积塑需要有较强的结构物体的能力，它不像一般的胶粒积塑那样随意拼插便可成为一件"创作品"。她的爸爸非常生气，说梅妮是个没出息的孩子。实际上这怪不得梅妮，只是因为这类结构游戏的要求超出了孩子的构造想

象能力，若让一个 6 岁的孩子用这套积塑开展结构游戏，他会乐不可支，爱不释手。因此说只有符合孩子智能水准的游戏，才能让孩子"流连忘返"，才是好游戏。

家庭游戏的种类很多，对孩子的能力培养能起到不同的作用。因此，在家庭里必须针对孩子的各种能力，全面开展各类游戏，以促进孩子全面发展。

四、具有一定困难度

孩子游戏的作用在于促进他们知识水平，体力、道德、个性、智力、情感等的发展，促使孩子从现在呈现的发展区向可能达到的最近发展区发展。具有一定困难度的游戏是促进孩子从现有发展区向可能达到的最近发展区发展的最好手段。

家长要掌握好游戏的标准，组织好家庭游戏，应该了解自己孩子的现有发展区和可能达到的最近发展区。苏联著名教育家维果斯基在他的发展理论中认为在孩子的成长阶段中存在着一个最近发展区的问题。最近发展区包括孩子在每个发展阶段上都存在着两个区域，一个是现有发展区，即孩子已有的发展水平或今天的发展水平；另一个是可能达到的发展区，即孩子潜在发展水平或明天的发展水平。两个区域之间的差距，空间就是最近发展区。维果斯基还认为孩子的最近发展区是所有教育、教学活动的重要阵地，所有的教育、教学活动不仅要以孩子现有的水平为起点，而且还要有一定的难度，从而把孩子潜在的可能达到的水平转化为现实的明天的发展水平。对于学龄前孩子的游戏活动来说，游戏的内容，开展游戏的方式、方法都要有一定的难度。因为难度是孩子通过努力可达到的最近发展区。只有使游戏具有了一定的难度，才能使孩子得到锻炼，孩子才能获得解决困难之后所带来的无与伦比的快乐，才能调动孩子的积极性，从而促进孩子智能水准的提高和能力的发展。

"跳一跳，把桃子摘下来"，这一形象的比喻性描述揭示了游戏必须具有一定的难度才能使孩子身心有获的道理。孩子站着伸手去摘桃却摘不到，只有通过努力。跳起来才能获得他们渴求的果实，这一过程中融进了努力和奋斗的欢乐，如果完成游戏的过程轻而易举，游戏中没有值得孩子思索解决的困难，这达不到提高分析问题、解决问题的能力，也难以培养孩子迎难而上的勇气和信心以及坚忍意志，也就达不到促进孩子发展的目的。但家长在游戏中对孩子提出的要求过高，使游戏的难度太大，就会像我们前面所说的那样，会挫伤孩子的自信心，同样不能促进孩子的身心发展。在游戏中，家长有意设置一定障碍，增加一定的困难度，让孩子开动小脑筋积极思维，努力寻找或创造解决问题的办法，能使孩子的思维发达，意志坚强，同时还能使孩子在"跳一跳"中获得

愉悦，在摘下桃子后获得胜利的喜悦，成功的欢欣。

过去，人们注重的是让孩子单方面消极的去适应游戏中的变化，游戏内容不太难，游戏的要求也不高，只是从孩子的实际出发。但当今时代的孩子们聪明、活泼，在他们生活的周围有着丰富新颖的刺激物，它们不断地自发地影响着他们，使得他们在丰富的物质的信息环境中，在自然的状态下潜移默化的受到影响。这就要求家长们在家庭游戏的组织中，应不断地扩充知识、智力的信息量，不断地结合和反映时代的新技术与新成果。适当的提高游戏的难度是适应现代儿童成长需要的重要手段。

以上四个方面都不是孤立的，而是彼此紧密联系、相辅相成的，共同构成一个统一完整的游戏价值衡量标准。一个游戏如果不符合上述综合标准的要求，都不能称之为好游戏。一个家庭游戏，如果它阻碍孩子的身心发展，影响孩子个性、性格等的某一方面的正常形成，增加了他们的心理负担和身体发育过程中的负担，就不是一个好游戏。好的家庭游戏必须利于孩子体、智、德、美、劳全面发展。

第三节　家庭游戏的种类

　　家庭游戏是一种非常复杂的活动，它的种类较多。随着社会物质和精神生活的提高，随着社会生活内容的不断丰富，随着家庭结构的不断变化，家庭游戏也在随之发展和变化。民间游戏的发掘、总结和吸收，使家庭游戏的种类也不断地丰富和发展起来。心理学家、教育学家们对游戏研究的角度不同，他们对游戏的分类也各有不同，但各有所长。在这里我们介绍几种常见的家庭游戏的分类，家长可根据自己家庭和孩子的特点以及教育目的来选择某类游戏，各类家庭游戏具体介绍如下。

　　（1）创造性游戏。包括角色游戏、结构游戏、表演游戏等三类。

　　（2）规则游戏。包括智力游戏、体育游戏、音乐游戏、娱乐游戏等四类。

　　创造性游戏是指孩子根据自己已有的生活经验、兴趣和爱好自编自玩的游戏。创造性游戏是幼儿时期的典型游戏，是最主要的游戏形式，其游戏内容大多以反映成人丰富的现实生活为主。在这类游戏中，孩子们可充分自由地发挥主动性，使他们的创造才能得以发挥。

　　创造性游戏种类又有许多，有的是孩子自己选择主题、扮演角色来反映现实生活的游戏，这就是角色游戏；有的是孩子通过扮演角色和表演游戏动作来再现儿童文学作品的内容的游戏活动，这就是表演游戏；有的是孩子利用各种结构玩具或结构材料进行构造活动来反映事物结构的游戏，即结构游戏。这三类游戏都以满足孩子的创造欲望和发展孩子的创造能力为主。有时孩子会用积塑和塑料娃娃、玩具小椅子小桌子等来建构宏伟的住宅和布置漂亮的家庭环境。在这游戏中他既可以是设计师，又可以是建筑工人，按他自己的创见自由建构。家里没有娃娃睡觉的床怎么办呢？他会把一个小木块堂堂正正的摆在家里替代床；有时他俨然就是个家庭主妇，系着围裙忙着炒菜，还会把炒好的菜（用小石子或沙或真的碎菜叶当菜料）送到妈妈爸爸面前得意地说："您要的菜炒好了，三块钱一盘。"有时孩子会在表演游戏中由于丧失了落水身亡的小兔乖乖而真的哭起来，把一个兔妈妈的神态与思想感情表演得活灵活现。这些游戏的出现，都是孩子们生活经验日渐丰富的表现，是孩子想象力、记忆力、思维能力等进步的表现。家长们应鼓励孩子多开展这样的游戏。

规则游戏是家长根据孩子现有水平和可能达到的发展水平，对活动的顺序及活动过程中被允许或被限制的游戏行为作出规定的游戏。智力游戏，体育游戏，音乐游戏，娱乐游戏都属于规则游戏。游戏中的规则可以是家长规定，也可以是家长与孩子共同商讨而定。规则对于孩子的游戏活动既不能限制过死，也不能过于宽松。在游戏的进行过程中，游戏者一定要遵守规则，以保证游戏的顺利进行。如智力游戏"找白黑"，培养孩子对颜色的正确认识，让孩子从许多的颜色卡片中找出所有黑的和白的颜色卡片，找对了就能得到一面"红旗"，若孩子从中找出了几块黑、白卡片，也找出了几块红色卡片或者根本没找到，那就不能得红旗，这就是规则。在游戏之前，家长一定要让孩子理解规则，只有理解了规则才能正确开展游戏。又如为培养孩子的技能和办事的速度，妈妈让孩子和爸爸一起开展体育游戏"看谁获金牌"。妈妈规定游戏中两个人应一起从起点开始穿鞋，系鞋带，然后到终点取回一本书，再回到起点换上另外一只鞋继续进行，谁先取回第五本书，就能获金牌。并规定比赛时鞋带一定要系好。如果规则制订和交代不清楚，在游戏进行的过程中，孩子的鞋带系得很好，可他的脚只是套进了鞋子，鞋后跟根本没拉起来，为了快，他趿拉着鞋子跑去取书，由于鞋子没了，在第二轮取书的途中他摔跤了。这就影响了游戏的进行，达不到游戏的目的。因此要让规则游戏达到它预期的目的，关键是规则的确定。

规则游戏的规则从属于游戏任务，是孩子在游戏过程中必须遵守的。规则不仅可以提高游戏的趣味性，而且还能保证在游戏的进行中兴趣不衰，激发孩子的竞争意识，也能培养孩子自我监督的诚实品质和独立完成任务的品质。家长了解了规则游戏的构成要素，就可正确指导孩子顺利开展这类游戏。

要素之一是游戏的构思。即游戏的设计或者说是孩子应该玩什么、

怎么玩的设计。规则游戏的构思是由成人来确定的，确定了游戏的主题内容和游戏的玩法，就能保证游戏任务的实现。家长应以实现游戏任务为中心来考虑游戏的开始、发展和结束的基本的、总体的构成框架。

要素之二是游戏动作。游戏的任务需要通过孩子的动作来完成。游戏的动作是多种多样的、游戏中应有一个预先设计好的动作系列、在这个动作系列中应该调动孩子的多种感官参加，如听、闻、看、摸等。

要素之三是游戏的规则。规则是在游戏之前事先制订的。它是限定孩子的游戏动作，保证游戏过程能完成的重要因素。

要素之四是游戏的结果。所有的规则游戏都必须有一定的结果。游戏的结果是孩子通过努力达到的游戏目的，是孩子掌握知识和智力发展水平的标准。

以上四个要素是互相联系，密切配合的，在规则游戏中缺一不可。

第四节　家庭游戏的组织及实例

　　孩子们喜爱游戏如同成人喜爱自己偏好的活动一样，游戏中孩子获得了欢愉，获得了身心的自由，游戏中他们如醉如痴，游戏时他们"忘乎所以"。游戏帮助他们学习，启迪他们的智慧。游戏伴随他们成长，游戏是孩子心灵遨游的天堂，是促进孩子身心和谐发展的最好手段。游戏的作用是如此之巨大。而要使这作用得到最大限度地发挥，关键在于对游戏的组织和指导，特别是在家庭中，家长的正确组织与指导，能使家庭游戏的效用发挥到最佳程度。

　　不同的游戏有着不同的特点，应当给予不同的组织与指导。不同的家庭状况和孩子身心发展的不同特点，也决定了有不同的组织与指导。这里就几种主要的家庭游戏形式谈谈它们的特点与组织。

一、角色游戏的特点及组织

1. 什么叫角色游戏？

　　角色游戏，是指孩子以模仿和想象，通过扮演各种角色，创造性地反映现实生活的一种游戏。

　　角色游戏是孩子幼儿期最典型的游戏，是学前期孩子特有的一种游戏，也是一种创造性游戏，所以角色游戏在孩子的生活中占有很重要的地位。1 岁的孩子还不会玩角色游戏，因为他们的想象力、思维能力、语言表达能力以及社会交往能力还没发展到能自由运用的程度，他们的动作能力也决定了他们不能玩角色游戏。7岁以上的孩子则认为角色游戏是假的，玩起来没劲，因为他们的思维已开始具备有抽象逻辑思维的能力，所以他们对规则性游戏更感兴趣，如下棋、打牌等。1～6岁的孩子是最喜欢角色游戏的。当孩子在14～21个月开始模仿现实生活中的人物，象征性地使用替代物，而不是局限于实物的社会化用途来游戏时，孩子的角色游戏便开始了，如用积木当碗喂自己和玩具小兔吃饭，用筷子当枪用等，此时，角色游戏几乎垄断了他们的所有游戏时间。游戏时，他们把自己的一些玩具都作为真人和真实物品来看待，玩具小汽车就是真正的汽车；木棍就是马；积木就是碗……因为他们的思维还离不开具体的物体，只有在具体物体的情境中，他们才能开展角色游戏。但这具体的物体可以不是真实的实物。这与他们的想象力和创造性的产生和发展有密切关系。他们喜欢在有具体物体的环境中游戏，喜欢以自己的想象来反映现实的日常活动，满足自己的求知欲望。因而角色游戏便成为他们最喜欢的、最典型的游戏了。家长在组织角色游戏时必须根据孩子的实际年龄来组织。

2. 角色游戏的特点。

(1) 现实生活是角色游戏的源泉。角色游戏的内容取材于人们日常的社会生活，并随着社会生活发展变化而发展变化。没有现实生活就没有角色游戏。孩子接触的现实生活内容越丰富，游戏的内容也就越丰富。在丰富多彩的现实生活中，孩子不是盲目地反映它们，而是有选择地反映，即反映孩子最熟悉的、体会和印象最深的内容；反映孩子最喜欢的角色，且已被他们理解和感兴趣的角色。他们的选择，反映着他们的认知态度。

(2) 角色是角色游戏的表现手段。现实生活的主体是人，角色游戏的主体便是各种角色。孩子通过扮演角色来表现人们的活动、语言和动作。如"娃娃家"中孩子扮演爸爸（或妈妈），那么父母的一言一行都会反映到游戏之中。兵兵扮爸爸，邻居的红红扮妈妈，他们在吃饭时，

兵兵学着自己爸爸的模样敲着红红的头说："你今天的菜做得一点也不好吃。"这就是一个活生生的角色，表现了一个生动的吃饭活动。角色游戏的规则和角色的行为准则却是隐藏在角色的扮演之中，并在角色的活动中体现出来。

（3）玩具和游戏材料是角色游戏的物质基础。角色游戏虽是假想的活动，但它是以具体物体为基础的，离开了玩具和材料，孩子就无法反映人们的活动，就像人们在劳动时离开了工具就不能劳动一样。没有物质材料，也就失去了重要的想象依据。这也与孩子的具体形象思维有关。通过玩具、材料的运用，还可促进他们思维的发展。同时玩具、材料还可起到扩展游戏内容的作用。如孩子在扮演解放军练习射击，家长若递给他一块垫子，他就会在垫子上匍匐前进。

（4）想象是角色游戏的精神支柱。没有想象，替代物就不可能出现，角色也不可能形成，也就没有角色游戏。角色游戏中是以孩子活跃的想象为基础的。这种想象表现在游戏的虚假性上。孩子在游戏中，通过扮演角色——以人代人，通过使用玩具——以物代物来象征性地表演生活，再现生活。所以，角色游戏中，孩子游戏的一举一动都是想象作用的结果。如食品厂中的工人（孩子自己）、糖纸（普通纸）、糖果（泥）、吃糖（假吃纸包着的泥团）。在孩子的想象中虚构与真实被完全结合成为一体了。

孩子的想象力越丰富，角色游戏所涉及的面就越广、越深。在角色游戏中孩子反映现实生活的程度取决于孩子的想象力水平。所以角色游戏的开展可发展孩子的想象力，有利于创造力的发展。

（5）主动性是角色游戏的灵魂。失去主动性的游戏，是没有灵魂的游戏，是孩子最讨厌的活动。孩子是角色游戏的主人，角色游戏是孩子按自己意愿进行的一种独立活动。角色游戏中他既可以是演员，又可以是导演，游戏的主题、方法、过程、情节、游戏环境都是依靠孩子的主动性来选择、确定和开展的，孩子的主动性自始至终贯穿于游戏的全过程。家长虽然也可扮演角色，但只是配角，不能以家长的主动性来代替孩子的主动性，否则，孩子在游戏中处于被动地位，孩子的主动性得不到发挥，这样的游戏就是失去灵魂的游戏。孩子的主动性与游戏水平的发展程度的相关性很高，主动性发挥得越好，游戏的水平就越高，游戏也会玩得越活。

（6）角色游戏具有很大的灵活性。内容丰富多变，游戏的范围可大可小，游戏过程可长可短，游戏中也无一定程序、模式，不追求固定的结果，游戏过程就是游戏所追求的目的。

3. 角色游戏的组织。

角色游戏准备的内容：

（1）丰富孩子的生活经验。在组织游戏以前，家长应让孩子尽量多地了解和认识现实生活，扩大孩子的直接经验和丰富孩子的间接知识，使游戏活动和日常生活紧密相连。如经常带孩子散步，给他讲故事，指导他看图书，看电视、电影。在带他去商店、医院、照相馆、游乐园、公园、工厂、学校等社会场所时，可指导孩子具体观察事物的外形结构，内部结构，人们活动的方式、内容，交往的语言和主要特征，并让孩子记住孩子自己和对方的交往，记住旁人和对方的交往。丰富生活经验可在孩子的游戏中进行，边游戏边学习间接经验。也可有目的地专门带孩子去观察了解周围现实生活。俗话说"见多识广"、"广闻博见"，孩子具备了丰富的生活经验，角色游戏就会开展得更加丰富多彩。

（2）游戏场地的准备。孩子游戏水平不同，他们对游戏场地的要求也不尽一致。2岁以内的孩子的角色游戏场地可以是家庭中的任何地方。如床上、地上、桌上、沙发上、客厅里、房间里，还可以在盥洗室、公园等。2岁以上的孩子在开展角色游戏时，家长应该为他们准备一块面积稍大一点的场地，以便他们玩"工厂"、"医院"等大型的角色游戏。孩子在"医院"里当护士，那么药盒、针管、针头、药棉、消毒处、注射台、药箱等就需要一块专门的场地设置。在这些物品所组成的注射室里还需要一块供孩子活动的场地。有条件的家庭可专门供给孩子一个房间或一个小天地。有时角色游戏中还需要父母扮演角色，场地就应更阔一点。

另外，场地应安全和便于玩具、材料的放置和收拾。

（3）游戏时间的准备。角色游戏通常要反映现实生活的某一过程。这就要有一定的时间来完成成套的动作、情节、工序等。若家长一味地根据自己的需要任意截断孩子的游戏，或没有整块的时间给孩子，只根据自己的兴趣随意将自己扮演的角色撤出来去干其他的事等，都不利于孩子角色游戏的深入开展。因此，家长应保证孩子有足够的时间来开展角色游戏。

（4）游戏中玩具和材料的准备。角色游戏中物品的替代物大多是游戏材料，也有玩具。因此，要保证孩子游戏的顺利开展，家长应该准备足够的必需的游戏材料和玩具供孩子使用。准备的材料和玩具不宜过多和过于逼真，否则，会分散孩子游戏的注意力和想象力、创造力的发挥。准备的材料和玩具应当是孩子熟悉的、且具有供孩子任意组合和变形的特点，且材料的数量要多于玩具的数量。因为材料的替代范围远大于玩具的替代范围，它更利于调动孩子的想象力与创造力。为孩子准备的材料和玩具还应当方便孩子的拿取和放置，使孩子能自由使用、选择和自由替代。

游戏过程的组织：

（1）游戏的开展。当游戏开始时，家长的任务是帮助孩子组织游戏，即帮助孩子去确定游戏主题，选择游戏同伴，分配游戏角色，构思游戏情节和设计或选择游戏环境。

第一步是在帮助孩子确定游戏主题时，首先应该引发孩子的游戏动机。对3岁前的孩子，可为他们准备一些生动形象的玩具，因为他们选择游戏主题时更多时候是由于玩具形象的吸引而引起。对3岁后的孩子，他们确定主题是由于自己对已有生活经验的兴趣而引起，如他随爸爸出差乘火车去北京时，他特别兴奋，火车上人与人之间的交往活动被他了解和记忆得一清二楚，回来后他游戏时便会选择关于火车的游戏主题。因此，家长们应帮助孩子回忆已有的有趣的生活经验，帮助孩子确定游戏主题，同时，还要为孩子提供适宜的游戏材料和游戏场地，以帮助孩子开展游戏。

第二步是主题确定后，家长就可以指导孩子选择游戏同伴和分配游戏角色。分配角色时，孩子的角色应该由孩子自己确定，需要哪位家庭成员参加，也要尽可能满足孩子的角色需要，同时可请邻居孩子来参加游戏。若是几个孩子一起游戏，让他们共同分配角色，各自选择角色。若选择角色时，出现争执或不合理的现象时，家长应该及时帮助他们分配，并加以调整。如有两个孩子都争着要当爸爸，家长就可用商量的口吻启发他们或轮流扮演爸爸，或玩两个"娃娃家"的并列游戏，或猜拳决定角色等。家长切不可强迫命令和硬行指派。

第三步是引导孩子构思游戏情节，设计或选择游戏环境。如家长问"在娃娃家中准备玩什么游戏"，"他们的娃娃家在哪里呢"等等。家长还可以角色的身份参与孩子们一道构思情节设计，或选择环境。如娃娃家的床放在左边，厨房在右边。但不要干预孩子的构思和设计，破坏孩子的想象。要知道强迫和干预，会扼杀孩子的主动性，强迫孩子选择和强迫孩子游戏，等于剥夺孩子的游戏时间。

当游戏情节在游戏环境中开始后，家长要细心观察游戏的发展和孩子在游戏中的表现。当游戏中出现问题，难以解决时，家长可以角色的身份，建议的口吻来启发孩子解决困难。如当游戏进行不下去时，家长可引导他们增加材料和玩具，帮助游戏继续进行。在观察时，家长要机智、灵活，善于抓住机会，发现问题，随时引导孩子。

（2）游戏的结束。在什么情况下结束游戏最好呢？第一，不要在游戏的高潮中结束。如"妈妈"正在专心致志地炒菜时；"一家人"正围坐在一起高高兴兴吃饭时；"理发师"正认真地给"顾客"理发时等，都不能立刻结束游戏。第二，不要在孩子已经玩疲倦之后再结束游戏。如孩子已经不想玩了，可是家长的饭还没做好，如果此时家长说"再玩一会"，孩子没办法，只好接着玩。在这样的情况下，孩子最容易疲倦，疲倦后，再游戏，兴趣就很难发生。因此游戏必须在孩子愉快、自然的状态下结束。结束时要让孩子保留在游戏中的愉快体验，使孩子能满意地结束，使孩子有再玩的愿望。

怎样结束游戏呢？游戏的结束工作包括对游戏的评价和玩具、材料的收拾。第一，当孩子还没有形成收拾玩具、材料的习惯，不会结束游戏时，家长可用游戏的方式来指导孩子结束游戏，如，"你的娃娃睡得真香，趁着娃娃睡觉，我们来收拾收拾娃娃家的用品吧！"也可根据孩子在游戏中的情况加以鼓励和表扬。第二，当孩子有能力自己组织游戏时，家长可让孩子自己来总结游戏的过程，有秩序、有条理的收拾好游

戏材料和玩具。这不仅能满足孩子的求知欲望，培养孩子的责任感和义务感，在收拾整理过程中，还能培养孩子正确的劳动态度、劳动技能和劳动习惯。

4. 各年龄段孩子角色游戏的特点和组织。

1～2 岁孩子角色游戏的特点和组织：

孩子在 12～13 个月时开始出现早期的角色游戏。这种角色游戏只有在具体的情境中才能出现。如在睡觉前，孩子假装睡觉，吃东西时假装把东西递给别人，模仿妈妈拍小熊睡觉等。另一特点是，游戏中，孩子不仅简单地模仿直接的动作，而且以各种姿势表现现实生活中的某一活动的许多细节。如孩子模仿成人"读书"的角色游戏；随便拿上一本书，不管是倒拿还是正拿，坐在小凳上打开来翻动，会念念有词地"读着"。孩子用一组姿态表现着成人的读书活动的各个细节。此期的角色游戏中，游戏的内容是单个的，与其他内容无联系，孩子的游戏行为也只是单个的、与他人无联系的象征性行为。

当孩子在 15～21 个月时，便开始了与父母、玩具娃娃玩角色游戏，并已从最初的自我游戏行为（假装喝水）发展到了与他人有关的比较协调的游戏行为，如喂娃娃喝水和看护娃娃。在孩子 24 个月时，游戏中逐渐增多了使用替代物的游戏行为，但使用的替代物中更多的是与原型较相似的实物，如用瓶盖当饭碗盛"饭"，用手绢当被子给娃娃盖等等。

1～2 岁的孩子虽能以现实生活为素材开展模仿性活动，但他们并不知道是在扮演角色，所以还不算是"正宗"的角色游戏。因此家长在组织游戏时，应和孩子一起，教孩子游戏，用游戏的口吻教孩子学习人际交往活动的中心词，如打针、睡觉、娃娃喝水、娃娃吃饭等。应教孩子多开展模仿性的假想活动，教他们使用替代物，发展孩子的想象力。孩子不会收拾玩具，家长可以自己收拾，但要让孩子无意识地帮助拿一拿、放一放玩具，为他们今后能收拾玩具打好基础。

2～4 岁孩子角色游戏的特点和组织：

（1）直接依赖玩具开展游戏。此期孩子是以直觉行动思维为主。最初他们是见到什么就玩什么，离开了玩具，游戏也就停止了，若几个孩子一块游戏，最易为玩具争抢打架。后来，他们便可选择自己最喜欢的玩具和材料来开展游戏了。此时他们最感兴趣的不再是玩具，而是角色。游戏中他们往往争当主角。因此，家长在组织时应多准备玩具，且同类玩具的数量要多一点，教孩子自如的使用玩具。后期的组织中，除玩具外，还可准备一些游戏材料供孩子游戏，培养孩子的想象能力和创造力。家庭成员一起游戏时尽可能让孩子扮演主角，以培养孩子的主动性，当孩子与同伴一起游戏时，可组织他们轮流当主角，以解决为角色而发生的争执。

（2）在游戏中，角色的行为规则体现得不够明确，主题稳定性不够，反映的范围较窄。如他是"爸爸"，但他并不能始终以"爸爸"的身份去游戏，"娃娃家"这一主题有时也会因游戏过程中玩具的吸引而改变。游戏中反映的内容也只是现实中某类事物的主要的较简单的活动，如医生打针，司机开车。因为孩子对现实生活中人们活动的规范了解不多，理解能力也较差，控制力也不强。所以家长在组织游戏时，最初应以游戏者的身份参加游戏，并担任主角，教会孩子选择主题，确定角色，让他们学习按自己的意愿开展游戏，并学习更多的与玩伴交往，学习理解人们生活的基本规则。帮助孩子逐步学会稳定游戏主题，丰富生活经验，培养孩子的主动性、独立游戏的能力和人际交往能力。

（3）联合的游戏方式逐渐占优势，单个的游戏行为逐步减少。因此组织过程中应帮助确定多个角色，最好是三四个人一起共同开展联合游戏，在加强个别指导的情况下，逐步培养孩子与父母或邻居玩伴间的协作能力，保持密切的联系。

（4）孩子没有独立收拾好玩具和材料的习惯。在游戏结束时家长可和孩子一起收拾玩具材料，收拾时教孩子懂得收拾的好处，教孩子把它们收拾得整齐有序和美观，培养孩子良好的生活习惯。

4～6岁孩子角色游戏的特点和组织：

此期孩子的经验较以前丰富得多，已能更多更广更深入地反映现实生活，在主题的选择、角色的分配、情节的确定和游戏环境的活动中表现了充分的主动性，游戏的主题较稳定也较新颖；角色的扮演较真切也能创造性地反映现实生活，角色间的关系也表现得较为真切；游戏的独立性、计划性等都加强了；孩子游戏时具有明显的准备、进行、结束三个阶段。游戏后还有自我评议的能力。游戏中他们最感兴趣的是游戏规则，但也常常在开展游戏时为游戏的规则而发生争论。

家长在组织他们游戏时应注意：

（1）在使孩子的游戏主动性得到充分发挥的情况下启发孩子主动征求同伴和家长的建议，商讨确定游戏的主题和角色以及游戏环境的设计，以培养他们分析、综合和判断的能力以及自制物品的能力。

（2）家长组织时应多以言语来指导和建议孩子的游戏。

（3）家长为孩子或孩子自己多准备一些游戏材料。

（4）启发孩子游戏时，多反映人与人之间的关系，揭示人们的行为动机，以促进孩子的社会化。

（5）鼓励孩子提出一些新的游戏主题。

（6）引导孩子更多地将学习、劳动内容和游戏结合起来，使三者形成一整体性活动，以达到相互促进的目的。

总之，孩子角色游戏的组织方式和组织内容应随孩子年龄的不断增长、游戏水平的不断提高和在各相应年龄段中表现出的不同年龄特点而不断变化、改进，以提高孩子的游戏能力，促进其身心的发展。

5. 角色游戏实例。

实例一

（一）游戏主题：办餐厅。

（二）游戏参与者：爸爸、妈妈、孩子、邻居孩子各一名。

（三）游戏要求：

（1）通过游戏训练孩子生动形象地再现餐厅工作人员工作的能力，培养热心为顾客服务的品质和待人接物本领，丰富孩子创造能力和想象力。

（2）要求孩子用礼貌语言和热情的态度接待顾客。

（3）帮助孩子自然进入角色，完成角色的任务。

（四）游戏准备：

（1）玩具炊事工具1～2套，白围裙、桌子、凳子等餐厅用具、录音机一台，纸张少许（用作票面）。

（2）棍子、瓶子、盖子、沙、水、青菜、面团、橡皮泥（用面团或橡皮泥搓捏游戏中的急需品，如做个盘子装菜）等。

（五）游戏过程：

开始部分

讨论：参加游戏的4个人坐在一起讨论游戏中该玩些什么内容？有些什么角色？各角色的任务是什么？怎么玩？餐厅服务人员的态度、语言应该是什么样的？在用品缺乏时，怎么办？（使用替代物面团或橡皮泥）讨论商定一个餐厅名称，如娃娃餐厅、欢喜餐厅等。

进行部分

1. 家长帮助孩子们自己主动选择角色、分派角色。

如餐厅工作人员由两个孩子扮演，爸爸扮演顾客爷爷、妈妈扮演顾客阿姨或者兼餐厅经理。这里除餐厅工作人员之外，其余人员均可改头换面地再扮他人。

2. 餐厅正式营业。

（1）餐厅工作人员和经理一起设计布置餐厅环境和构思游戏情节，明确规则。

（2）孩子们开始按分配的任务工作：清洗碗、盘、杯、筷，炒菜，清洁桌面等。

3. 顾客光顾餐厅。

顾客光顾时可同去，也可以分散着去。家长们在扮演不同的顾客时要扮得真切一点，形象一点，让孩子有种亲临其境的感觉，促进游戏积极发展。

游戏时，若工作人员的态度冷淡、不热情、语言不礼貌、菜和酒的质量不高，身为"顾客"的父母可以提出建议。顾客去进餐时可专门点些现存食品中没有的菜肴，以促使孩子们想象、创造。

结束部分

（1）餐厅经理可以到餐厅去检查工作人员的服务情况，请工作人员谈谈工作情况或工作人员和顾客一起评选最佳服务员和最佳顾客，并给予物质和精神上的奖励。小结游戏开展情况，激起孩子更大的游戏兴趣去迎接下一次的游戏。

（2）收拾玩具和材料，清洁整理游戏场地。

实例二

（一）游戏主题：办医院或卫生所。

（二）游戏人员：爸爸、妈妈、孩子、布娃娃、绒小兔。

（三）游戏要求：

（1）通过办医院，培养孩子主动关心他人生活的助人为乐精神。

（2）教育孩子爱惜玩具，善于利用游戏材料，以培养孩子的创造精神。

（3）让孩子懂得"救死扶伤"是医生的天职。

（四）游戏准备：

（1）各类玩具医疗器械和用以替代医疗、护理、注射等工作中所需器皿的多种游戏材料，如废药瓶子、饮料盒子、雪糕杯等，在没有医疗器械时可让孩子用各类材料创造组成（如两根一长一短的塑料管穿在两个软塑料瓶塞上，短管的另一端扎在长管的相同长度处，长管上剩下的另一头再穿上一个软塑料瓶塞就是一副听诊器）。

（2）布娃娃、绒小兔各一个，成人废旧短袖衬衣一件（用以替代白大褂）。

（五）游戏过程：

开始部分

讨论：家长、孩子一起商量游戏中的医院或卫生所里可设些什么部门（内科、外科、注射室……）？各部门里应该有些什么角色，如医生、病人、护士等；角色的任务是什么？怎样完成任务？病人就诊时的程序如何？即先干什么、再干什么、最后干什么等等。以此让孩子懂得"救死扶伤"是医生的天职。给医院取个名字，也可以以孩子的名字命名如督督卫生所、阿娜医院……

进行部分

1. 家长和孩子一起分配角色，分配中让孩子主动选择角色。

如孩子扮医生、爸爸扮病人或院长或绒小兔的主人、妈妈扮病娃娃的妈妈或挂号工作人员等。

2. 医院工作正常开始。

（1）医生、院长、负责挂号的工作人员一起设计、布置医院的设施与房屋结构，具体器械的安置等；构思游戏情节，明确游戏规则（如不能随便离开工作岗位去干别的事情，爱护医院器械等）；制作所需部分玩具医疗器械。

（2）医生整理医疗器械后开诊。

3. 病人去医院看病。

此时，家长应该注意观察孩子的言语、行为的表现，"院长"要在这过程中协调孩子与"病人"的交往活动，培养孩子主动关心别人的习惯。

兔主人和布娃娃的妈妈带小兔和娃娃去看病时应当做得真切一点，一方面是向孩子提供一个供孩子以后模仿病者主人去看病的经验，另一方面是引导孩子进入角色开展游戏。

结束部分

（1）爸爸以"院长"的身份去评价孩子的工作状况，对孩子在游戏中的进步给予及时的肯定和表扬，对他再现现实生活中的不足之处，以鼓励的语气提请孩子注意，以利今后改进。

（2）家长和孩子一起共同收拾玩具、材料，清洁整理游戏场地。

二、结构游戏的特点及组织

1. 什么叫结构游戏？

结构游戏是指孩子运用各种结构材料、建筑玩具进行构造、建造活动的游戏。例如：用插塑材料拼机器人，用积木建造大桥和结构桌子、椅子等家具。

2. 结构游戏的特点。

结构游戏与角色游戏一样同属于创造性游戏，二者的区别是：角色游戏的特点是孩子在游戏中实际地掌握人与人之间的关系，是通过角色的扮演来反映现实的。结构游戏主要的任务是让孩子在游戏中实际地认识人类的结构活动，并模仿这种活动，通过结构物件来反映现实生活中成人的建构活动。这两种游戏都是现实生活的反映，都需要孩子自己的想象加工和创造，都能丰富孩子的想象，发展孩子的创造力。结构游戏既是孩子的一种创造性活动，也是孩子的一种操作活动。结构游戏还是孩子的一种造型艺术活动。因为孩子在结构时需要构思、设计、造型，构建中还有可以表现平衡、不对称或比例协调等立体艺术活动的过程。

结构游戏对孩子的发展具有重要的意义，孩子通过观察、回忆、想象，才能结构出他们脑海中的形体，只有是他们认识和了解的形体，他们才能结构好。因此，在孩子结构过程中既丰富了孩子的知识和经验，又发展了孩子的智能，同时也促进了孩子空间知觉、方位知觉和触觉的发展。结构时孩子通过手脑并用，也促进了大脑的发育，特别是通过手的操作，使手指、手腕、手臂肌肉的力度和灵活性得到锻炼，使手的控制力得到加强，使孩子的感觉器官变得灵敏和富有坚持力，为他们今后的学习打下良好的基础。通过结构反映家乡和祖国的风貌和古迹、现代化的伟大建筑，从而培养孩子对祖国的热爱。

3. 结构游戏的组织。

(1) 加深孩子对各类物体造型特征的认识，丰富孩子的生活印象。结构游戏是通过结构来反映现实生活中各类物体的造型特征的。只有对物体造型特征有深刻的认识和丰富印象，才能正确反映和结构。家长在组织游戏时，可带领孩子经常去实地观察各种建筑物。在绘画和手工，看儿童书籍、电影和图片，观看模型和玩具等活动中，引导孩子通过对物体结构的分析，对物体名称、形状的认识，通过比较，熟悉结构物体的材料性质，掌握不同性质材料的结构方法，了解各部分的结构关系以及不同物体结构的异同点，以帮助他们充分认识物体。对 3 岁以前的孩子可帮助他多观察和认识单个的独立的物体结构特征，对大些的孩子不仅要做到这一点，还要引导他们观察认识建筑群来发展孩子的结构思维，以促进孩子综合运用丰富的知识、经验和印象来结构出创新的结构体。

(2) 培养孩子结构的基本技能和独立结构物件的能力。

结构的基本技能是：

第一，会用组合、排列、接插和镶嵌、串套、编织、黏合、螺丝旋转等结构方法来构成物体。用积木结构时应会使积木延长，会把积木铺平，会用积木围合、加高盖顶、搭台阶、砌墙等；用胶粒积塑结构时应会平面和交叉接插，整体和间隔镶嵌；用各种线绳编织时应会单线穿，双线分合穿，打结编织、交叉编织、穿插编织等；用橡皮泥、浆糊、白胶等黏合剂黏合物体时应会平面黏合，立体黏合，黏合的物体应整齐美观，干净；会使用螺丝刀、扳手、旋转螺丝等。

第二，会灵活选择适当材料结构物体。

第三，会设计、会结构，培养孩子智力活动与实践活动相结合的能力。

第四，会正确拆卸已结构成型的物体，掌握拆卸顺序，即外部→内部，小件→大件，上层→底层，近处→远处，避免会设计不会结构和会结构不会想象创造的现象发生。

（3）提供足够的结构材料和结构的场地。基本的结构材料可以是：沙、泥、石子、积木、积塑、线绳、金属材料、瓶、包装盒子、厚纸、饮料杯、泡沫等。结构的辅导材料可以是针、缝衣线、小棒、日常用纸等，还可根据家庭环境条件向孩子提供家用电器的包装盒，废轮胎等大型结构材料。大型的结构材料可在室内外的地面上结构，小型的可在桌面上、椅凳上结构，也可在地面上结构。

家长还应给孩子提供一块略大一些的放置材料的场所，以便孩子收拾、整理。

（4）结构过程中良好行为习惯的培养。结构过程中家长要培养孩子爱惜结构材料，整齐有序地收拾、整理材料，不乱扔乱丢。培养孩子耐心、细致，认真结构的良好行为习惯。培养孩子勤劳品质、坚持力和克服困难的坚毅精神，以便使孩子成为一个活泼、开朗、聪明、能干的结构家。

4. 各年龄段孩子结构游戏的特点与组织。

3 岁以前孩子结构游戏的特点与组织：

3 岁的孩子他们最初开始时（1 岁多）只会搭 2～4 块积木和把珠子装入、倒出。手指的抓握能力已发生，能手眼较协调地穿木珠子、玻璃珠子和搬运东西，如小凳子；能盖盖子但不会拧紧。2 岁左右时，会拧紧瓶盖；能用 4～10 块积木搭成一简单的形体，但搭积木时无结构目

的，他们只是从简单的结构动作中获得快乐而已。3岁的孩子能用积木搭出一定的形体，能用纸和筷子结构大炮等，但他们仍无明确的结构目的，在结构时忽然发现正在结构的东西像什么就会说成是什么，有时他们有一定的想象力，但创造力和结构力较差。

家长在组织结构游戏时应着重培养孩子的动手能力，手眼协调的结构能力，丰富想象，激发结构兴趣，促进孩子想象与结构报告能力的协同。如穿珠、用积木搭各种较复杂的形体。家长要亲自参与结构，结构成一物体后应启发孩子取个名字。还可带孩子去参观当地的较典型的建筑物，回家后立即和孩子一起动手结构，并让孩子和家长一起把玩具娃娃或替代物结构到建筑物之中去，以培养孩子结构的目的性和结构的兴趣。

3～4岁孩子结构游戏的特点和组织：

①特点。这一年龄的孩子结构的目的性有所增强，能提出目的后在家长的帮助下实现；对结构过程有浓厚的兴趣，有时也对结构成果感兴趣；能独立结构一些略复杂的形体，并能在家长的帮助下开始结构游戏，能收拾结构材料和玩具，能遵守简单的结构规则，能爱惜结构玩具等。

②组织。家长在组织孩子游戏时，要注意丰富孩子的结构知识和经验，结构时教导孩子先提出结构目的再开始结构；家长可让孩子把结构得较好的物体画下来或家长拍照集存下来，以培养孩子对结构成果的浓厚兴趣；运用多种不同性质的结构材料，特别是多让孩子玩沙、泥等结构材料，培养孩子的结构技能，启发孩子学习结构复杂一些的物体；游戏时，鼓励孩子间的团结精神，培养他们整齐有序地收拾结构材料的习惯。

4～6岁孩子结构游戏的特点和组织：

①特点。孩子能按明确的结构目的和游戏主题开展游戏，游戏的计划性加强了；能创造性地结构一些复杂的物体和建筑群；较能克服困难，完满地实现结构目的。

②组织。家长此时可大量丰富孩子对结构实物的印象，启发孩子使用一些附加物来美化建筑群，提高审美能力，培养孩子认真细致的习惯和耐性来完成游戏任务。通过练习使用旋转螺丝以及综合使用多种结构材料等来开展游戏，以发展孩子的结构技能；要求孩子能井井有条地收拾材料和玩具。

5.结构游戏实例。

实例三

（一）游戏内容：学习用牙签或火柴棒、火柴盒拼成花朵以及其他图案（图一）。

（二）游戏目的：通过拼、摆，让孩子了解构图规律，激发孩子结构的兴趣，并学习如何按照未拼成图案应有的拼摆顺序继续拼摆，以培养孩子解决问题的能力。

（三）游戏准备：牙签或火柴棒，若备有各色火柴头的火柴棒或各色的牙签最好。

（四）游戏成员：父亲或母亲与孩子。

（图一）

（五）游戏程序：

（1）父母按照一个规定的花朵图案摆火柴棒，让孩子仔细观看，并和他一起总结拼花朵的规律，如花芯是半截的火柴棒，外沿的花瓣是散发着且是双色交替拼摆的，叶子是交错不对称的。父母可摆出两个一样的花朵图案来，边摆边讲解。

（2）估计孩子掌握了这一图案规律之后，让他和父母一起来摆，摆时可问他："下一个该摆什么了？"请孩子正确选择一根合乎图案色彩规律的火柴棒继续拼摆。

（3）用笔在纸上画出一个图案，如五角星、马路、梯子等，请孩子填摆成图案。

（4）摆完之后，可让孩子把火柴棍或牙签整齐地装进盒子里。

注意：假如孩子对上面的游戏形式不感兴趣、让他用火柴棒拼摆他自己想拼的东西，一定不要强迫孩子按家长的意愿和规定玩，但孩子自己拼摆时，家长可在旁辅导。

实例四

（一）游戏内容：用实物模子做泥瓶和泥糕、沙瓶、沙糕。

（二）游戏目的：帮助对结构材料土、沙、水、游戏泥（自制）和结构工具、脸盆、铲子等的认识，掌握它们的特点，培养孩子的创造兴趣。

（三）游戏准备：

（1）土、沙、水、游戏泥和脸盆，铲子、勺子、杯子等。

（2）家长的旧衣服一件，供结构用的桌子或木板。

（四）游戏成员：

父母和孩子。

（五）游戏程序：

（1）出示结构材料和结构工具，激发孩子的兴趣。

（2）家长用实物模子做给孩子看，然后孩子自己动手干。土、沙、游戏泥和实物模子对孩子来说是一种好玩的有价值的结构材料。在玩这些结构材料和使用结构工具的过程中孩子会发现它们的特点。他将发现物体的不同硬度、不同干湿度以及不同硬度物体在太阳和风的作用下出现的变化。

注意：家长在亲自制作和孩子制作时，教他一些词：大、大一点、最大。

附：怎样自制游戏泥。

做法：

①2杯面粉，1汤匙菜油，3/4杯盐，1/2杯水。将水和菜油混合，将面粉和盐搅拌进去。

②用手揉，直至成为像做馒头的稠而光滑的面团。面团里还可加一点食品色素，使之成为彩色的游戏泥。

③制作的游戏泥不用时可储藏在一个塑料袋中，防干裂，以备后用。

游戏泥的特点：孩子玩起来干净，便于孩子推、压、卷、揉。可制作成下列物品：饼干、点心、球形、长形的物体等。有时还可用剪刀将长条剪成豆子等。

实例五

（一）游戏内容：构造"动物园"。

（二）游戏目的：通过建构动物园，让孩子掌握接插、镶嵌等结构技能，以及复习巩固所认识动物的特性。通过装饰、结构物体，发展孩子的结构思维。

（三）游戏准备：大小积木、积塑、玩具动物、彩笔、纸张、剪刀等。

（四）游戏成员：父母和两个孩子（请一位邻居小朋友）。

（五）游戏活动指导：

1. 设计。

孩子和父母一起设计动物园的结构，如何布局？如何分工？要求孩子建造完主体结构之后，还要亲自装饰、美化主体结构。

2. 构造。

①当孩子构造完围墙、大门、游人（积木人）动物栅栏等建筑群之后，让孩子用彩笔、纸张以及一些辅助材料去装饰。

②将家里的玩具动物按照它们的特性分排在各自的栅栏之中，温顺的动物可安放在一起。

③请孩子观看、欣赏自己的建构物，家长表扬孩子的结构成果，鼓励他改进欠佳的结构部分。

④家长请孩子将构造好的动物园画下来，若构造得特好，家长可摄成照片和留作分析孩子能力发展的资料，也有利于引发孩子的构造兴趣。

⑤要求孩子干净利落地收拾结构材料和玩具。

三、表演游戏的特点及组织

1. 什么叫做表演游戏？

表演游戏，是指孩子用游戏的方式来表演儿童文学作品，这一活动就叫做表演游戏。如表演儿童故事、木偶戏、童话剧等。

2. 表演游戏种类。

①木偶表演游戏：孩子用家庭自制的或买来的玩偶来表演故事、儿歌、童话、寓言等儿童文学作品的游戏活动（玩偶包括人物或动物偶象）。

②孩子自身充当角色来表演儿童文学作品的游戏，如扮演小熊来演"小熊请客"的儿童故事。

③孩子操作替代儿童文学作品中角色的现存玩具来表演的游戏，如孩子一手拿洋娃娃，一手拿小鸡表演"娃娃与小鸡"的儿歌。

3. 表演游戏的特点。

①表演游戏是孩子对儿童文学作品的一种再创造和创造活动。孩子按作品原意表演为再创造，若在表演中增加了他自己的部分设计或改编

就是创造活动。

②表演游戏与角色游戏一样是通过孩子的想象来扮演角色的游戏，在表演中获得满足。但表演游戏的内容不是孩子自己任意选择和创造的，而是儿童文学作品中早已规定了的。

4. 表演游戏的作用。

①通过表演故事加深孩子对作品内容的理解，能帮助孩子更好地理解事物发展的关系，从而了解世界的发展变化。能使孩子更好地学习语言和发挥想象能力。

②能培养孩子用语言、动作、表情去表现事物的能力。

③能使孩子学会与表演合作者如何协调；能增进家长与孩子间的感情。

5. 表演游戏的组织。

①家长协助孩子选择游戏主题。表演游戏的主题主要来源于幼儿园教材中的故事、儿歌、儿童诗，歌曲和图书、电视、电影等。由于来源之广，所以家长选择游戏主题时应注意：选择的作品主题是鲜明且具有教育意义和娱乐价值，并能为孩子所理解；选择的作品其情节要简明、生动有趣，作品中的角色应具有鲜明的性格特征；作品中的动作、对白也应是孩子能模仿和表现、掌握的。

②熟悉作品内容。只有熟悉了内容，才能生动地、正确地表现作品。熟悉作品并不要求死记硬背作品中的对白和具体情节。理解了的对白和情节更容易成为孩子的东西。可通过讲故事、复述、绘画等形式来熟悉，让孩子动用手、脑、口等多种感官来熟悉较好。

③准备服饰、道具。合适的服饰和道具能使孩子尽快进入角色绘声绘色的表演。如准备一个动物头饰扮动物，裤腰上扎一条尾巴就成了大灰狼，准备一些药棉贴在下巴上扮爷爷等。服饰、道具不宜太多，不求太全，也不要由于服饰的佩戴、道具的使用而影响孩子自然的生动活泼的表演。有些家长在孩子表演时给孩子化装，涂口红，结果孩子游戏时

总是翘着嘴，这就妨碍了他的表演。孩子在进行木偶剧表演时，家长可用一块大的布做舞台，孩子站在布后面，只伸出套着木偶的手进行表演。这些道具既简单又能调动孩子的表演积极性。

④孩子表演技能的培养。孩子通过看儿童电视片、木偶剧，童话片等，可间接模仿些表演技能。但在家庭中培养技能的重要渠道则是家长的示范以及家长和孩子的共同表演。当孩子在游戏中偶然出现了创造性表演时，家长应随时鼓励以促进孩子的创造性表演。

6. 表演游戏实例。

实例六

（一）游戏内容：表演儿童诗《小弟和小猫》。

（二）游戏目的：通过表演复习巩固已学过的儿童诗《小弟和小猫》，教育孩子要爱清洁，讲卫生；引导孩子能体会诗句的情绪，并能通过动作、表情表演出来。

（三）游戏准备：小猫头饰一个，镜子一个，孩子会有表情地朗诵《小弟与小猫》；安全的表演场地；由孩子朗诵诗，家长把诗录下来，以便表演时播放。

（四）游戏成员：爸爸、妈妈、孩子，纸玩偶2个。

（五）游戏程序：

（1）孩子朗诵诗一遍，并请孩子讲讲这首儿童诗的含义。讨论一下：怎样表演才能把小弟和小猫这两个角色演得像真的一样。

（2）自由选择儿童诗中的角色。若孩子选择小猫，那么小弟由爸爸操作的指头玩偶代替，爸爸、妈妈扮小弟的爸爸、妈妈，姐姐由妈妈操作的指头玩偶代替，在表演1～2次后，家长可启发孩子调换角色继续表演。

（3）放儿童诗的录音，先由爸爸、妈妈操作的指头玩偶姐姐和小弟一起表演，然后孩子扮小猫表演。

（4）游戏重复一次后，家长应启发孩子调换角色扮姐姐或小弟，继续表演活动。

（5）游戏结束时，应评比最佳演员，以利再战。

注：指头玩偶的自制在第三章中有具体介绍。

实例七

（一）游戏内容：戏剧性地表现故事——猜谜表演。

（二）游戏目的：培养孩子的创造精神和表演经验。

（三）游戏玩法：

家长给孩子讲一个孩子最喜爱的故事后，可以让他表演角色，在您读的时候，他们会表演一些动作，再加上服装和道具，完成故事表演。

对孩子的要求不要太高，要使孩子们能够脱离故事的叙述也能表演出来。

当孩子有了足够的经验，他将有能力演出一些故事情节，让别人去猜，让家长去猜。

总之，角色游戏，结构游戏，表演游戏这三类创造性家庭游戏，具体的组织过程往往是结合在一起的，不能绝然分开。所以，家长在组织时可把三者综合起来开展，这样有利于孩子兴趣和能力的培养和发展。

四、智力游戏的特点及组织

1. 什么叫智力游戏。

家庭智力游戏是家长根据一定的智育任务设计的一种有规则的游戏。是以生动有趣的游戏形式使孩子在愉快的情绪中来完成的增进知识、发展智力的活动。如"什么不见了"、"错在什么地方"等。

2. 智力游戏的特点。

智力游戏以完成一定的智育任务为主要目的。家长在每个游戏中都必须确定一定的智育任务，通过孩子的玩耍丰富某方面的知识，发展某方面的智能。智力游戏由游戏的构思、动作、规则和结果四部分构成。智力游戏的构思既要符合和发展孩子的智力水平，还要能提高孩子的游戏兴趣。预先设计的动作也必须能让孩子多种感官参加，且富有趣味性。事先制订的智力游戏规则是游戏的制约因素，能保证游戏有规范和按程序进行。游戏的结果是孩子掌握知识和智力发展水平的标志，游戏中孩子最关心的就是游戏的结果。

3. 智力游戏的教育作用。

智力游戏能使孩子在轻松愉快的情绪支配下接受知识，发展智能，它有利于提高孩子的活动积极性，特别是对于已学过的知识能起到复习、巩固和综合运用的作用，但在家长向孩子传授新的难度较大的知识时不宜使用智力游戏。

4. 智力游戏的种类。

孩子的智力游戏是多种多样的。人们从智力游戏的不同角度出发，把它分为各样不同的种类。

国外按智力游戏的不同任务分为：发展感觉的游戏、发展语言的游戏、对关系的理解的游戏、归类和分类的游戏、发展数概念的游戏、探索和创造的游戏、锻炼身体的游戏。

国内的分法是按在游戏中玩具、游戏材料的使用情况分类的。

①使用专门的玩具、游戏材料以及日用品进行的智力游戏。如使用积塑、积木、瓶子、盒子、豆子、娃娃等开展的智力游戏。

②使用图片的智力游戏。如各类拼图、挂图，包括一些牌、棋等。

③利用语言开展的智力游戏，即语言游戏。游戏时主要是通过语言来完成智育任务。这类游戏由于脱离了具体的实物、玩具、图片，所以它对孩子的想象力、思维能力、理解力、分析与综合能力等要求较高。因此，4～6岁的孩子多开展这类游戏。

④使用语言与游戏材料和玩具相结合的游戏。这类游戏是以语言表述为主题，将孩子的游戏动作和玩具、材料的使用串联起来，以完成某方面的智育任务，培养某种能力。如情节绘画游戏。这种游戏是家长根据一幅画的绘画步骤编成一个有趣的故事情节，让孩子随着叙述情节的语言一步步作画，最后完成这幅画。这样的游戏既提高了孩子的绘画兴趣，丰富了孩子的描述性语言，又培养了孩子的绘画能力。

5. 智力游戏的组织。

①选编智力游戏。家长可据自己孩子的智力发展水平和智育任务要求选编智力游戏。所选或编的游戏应能引起孩子的游戏兴趣，应包含符合孩子发展需要的智能、知识的内容，且应寓教于乐、寓教于玩之中。

②准备玩具、材料。选定游戏之后，应据游戏的智育要求准备适当的玩具和材料。准备玩具、材料时应考虑它的真实性、典型性、概括性，能正确反映认知内容。只有这样才能保证孩子感知的正确性，才能使孩子形成正确的概念。

③组织孩子正确开展游戏。第一，家长用简短的语言和示范向孩子介绍游戏名称、游戏规则、玩法和游戏的任务。介绍时家长应注意突出

重点，不要过快，要让孩子听清楚、听懂和看懂。第二，开始练习时，速度可慢点，等到孩子熟悉玩法和规则后可加快速度和加大难度。3 岁前孩子游戏时，家长应首先和孩子一起练习玩耍，等到孩子熟悉后，可让孩子独立进行。3 岁后的孩子则可用相反的组织方式进行，以加大难度，提高孩子的游戏兴趣。第三，当游戏任务完成时，便可结束游戏。家长在组织这一步活动时，应根据孩子的游戏情况加以评议小结。当孩子在游戏中总是出错，导致游戏任务没有完成时，家长不要总是批评他，打击他的积极性，而应该鼓励他，调动他游戏的主动性和积极性，为提高孩子下次开展此游戏的兴趣奠定基础。游戏中孩子的差错若是出于注意力不集中、懒、调皮的原因，家长应在游戏的过程中及时批评纠正，以使孩子的智力水平得到正常的发挥。

最后应该是玩具和游戏材料的收拾。

6. 智力游戏实例。

实例八

（一）内容：智力游戏——正反游戏。

（二）目的：丰富有关相对的词汇概念，练习听到某一个词或概念时能迅速找出一个相对或相反意思的词或概念来，如长对短、高对矮、白天对黑夜、火对水、起床对睡觉等。

（三）材料：可以用一些相对的实物（如大小两个勺，红黑两个球等）进行，也可以不用材料口头进行。

（四）方法及规则：

（1）由家长主领游戏。先拿出一物体或说出一个词或概念，让孩子找出相对的一物体或说出一个相对的词或概念来，开始稍慢，逐渐加快速度。

（2）可以口头问答结合动作。如玩"大灯笼，小灯笼"，要求说小灯笼时用手比作大灯笼，说大的灯笼时比作小灯笼。如问"大灯笼"时要用手比小圆，而孩子在回答"小灯笼"时应用手比作大圆。

注意：当游戏进行几次后，家长可和孩子轮换在游戏中的地位。说的词和概念应是孩子熟悉的，第二种方法只能在大一点的孩子中间进行。

实例九

（一）内容：绘画智力游戏——画小猫（图二）。

（二）目的：通过画小猫的游戏，提高孩子的绘画兴趣，丰富孩子的描述性语言，培养孩子的绘画能力。

（三）材料：根据绘画小猫的步骤编造一个故事；图画纸2张，笔2支。此游戏适合于3岁多的孩子开展。

（四）程序。

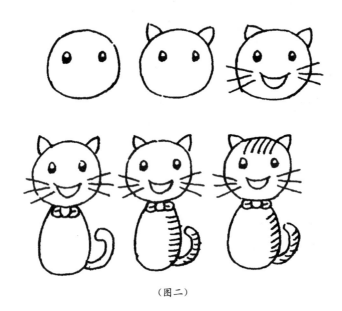

（图二）

（1）家长说："现在我来给你讲个故事，你边听边跟着我把这个故事画出来，好吗？"

第一步：一座圆圆的小房子，里面住着两个圆胖子。

第二步：天亮了，他们打开房顶上两个窗子。

第三步：他们每人拿着两支筷子，放在碗边等着吃豆子。

第四步：房下有个大院子，院边长着葡萄藤子。

第五步：他们爬上小梯子，摘着藤上的葡萄。

第六步：天黑了，他们回到小房子，关上窗边的窗帘子。

（2）家长问孩子："纸上画的是什么？你会画了吗？你会边讲故事边画画吗？"孩子自己再边讲故事边画一次。

注意：第一次绘画时，家长应说慢一点，第二次绘画时，家长可以在一旁指导。

实例十

智力游戏：有目的地玩水——发现水的自然特性。

材料：完好的塑料袋、洗东西的盆、菜篮、水罐、塑料盖、球、海绵、塑料瓶、针、金属扣、报纸、瓶盖内垫、挤压瓶、肥皂泡水、漏斗、漏勺或筷子、木块、橡皮、铁块、盐。

活动：

（1）玩水是学龄前孩子喜欢的一种活动，同样也是一种重要的学习方式。家长的任务是供给水和提供玩的地方、上述材料及试验的规则。

（2）用水做各种活动。

①什么东西能浮在水面上？什么东西沉下去？讨论能漂浮的东西可以增加玩水的新内容。"哪些东西能浮？"试一试纸、塑料、海绵、肥皂、金属、开着的瓶子、关着的瓶子、空的和盛了水的塑料袋。试验几样东西后，在将其他的东西放进水里之前，让孩子猜猜哪些东西能浮起来？

②盐水：什么东西会在盐水中浮起来？什么东西会在盐水中沉下去？水里加盐，然后再试试他先前在清水里试验的那些东西。

③实验：一张纸放入水中会怎样？将糖放入水中会怎么样？试

一试。

④盛水："你能用多少办法把水盛起来？"

⑤水的变化：家长将一壶水放在火炉上，水加热后会怎么样？将水放在冰箱遇冷又会怎样？

实例十一

智力游戏：盲人的晚餐——用嗅觉和味觉辨认食物。

活动：

准备一次带有几种不同味道食物的晚餐，准备时不让孩子看见。晚餐时，问孩子想不想玩一个"猜猜是什么"的游戏。如果他同意，您可用一条手绢蒙住他的眼睛，扶他坐在桌边，让他猜猜他吃的是什么。

五、体育游戏的特点及组织

1. 什么叫体育游戏？

家庭体育游戏是指家长根据体育任务而设计，以发展孩子基本动作为基础的规则游戏。

2. 体育游戏的特点。

体育游戏是种很好的体育活动形式，它是由各种基本动作组成的，有构思、动作、规则和结果。有的体育游戏还具有角色、情节。所有的体育游戏都具有竞赛性质。游戏的内容广泛、有趣，且走、跑、跳、爬、钻等动作是以游戏的形式来完成的，所以孩子感兴趣。家庭体育游戏还具有一个特点，那就是不需要复杂的体育器材。游戏参加者少，所以便于开展。

3. 体育游戏的作用。

体育游戏的主要作用在于培养孩子对体育活动的兴趣，发展孩子走、跑、跳、攀登、钻爬、投掷等基本动作，增强孩子的体质，发展智能。体育游戏是培养孩子优良品德和身体健美的重要手段。

4. 体育游戏的组织。

（1）选编体育游戏。家长在了解孩子的体质、能力、体格、品德等的情况下，选编体育游戏。选编的游戏必须能调动孩子的游戏兴趣，发展孩子的基本动作，游戏动作的难度应是孩子通过努力能够达到的。

（2）游戏前的准备。游戏前，家长应根据游戏的任务准备卫生、安全的体育器材和玩具或头饰，准备一个场地便于所选游戏的开展，设计游戏动作和规则，并熟悉游戏的内容、动作和规则，给孩子着便于开展游戏的服装，检查孩子的鞋带，要求孩子入厕等。另外家长还应准备一点红药水、紫药水、药棉之类的药品，以备急需。

（3）开展游戏的程序。无论是新的游戏，还是已经玩过的，第一步，家长带领孩子活动身体的各个部分，或跑步或做操，或做几个动作，以使孩子的机体适应活动量较大的活动。第二步，可通过讲解或示范向孩子介绍游戏的名称和内容、方法、活动要领，对3岁以内的孩子如果所要求的动作较复杂，家长应亲自示范并加以简练地讲解。第三步，家长和孩子一起游戏。游戏时家长应随时注意孩子动作的规范性，要孩子遵守规则。第四步，当孩子对游戏已感满足，又尚未产生疲倦时，是结束游戏的最好时机。第五步，评议游戏，收拾器材和玩具、头饰。

5. 体育游戏实例。

实例十二

体育游戏："射击"对抗赛。

（一）游戏内容：练习用沙包投准。

（二）目的：训练孩子投掷的准确性和灵敏的反应能力。

（三）准备：沙包数个（沙包：把沙子装在比孩子的拳头大一倍的布袋中，封口即成），划有两个圆圈的场地，两个圆圈之间的距离为10米，圆直径为0.5米。

（四）参加人员：爸爸、孩子。

（五）游戏玩法：孩子和他的父亲相对于各自的圆圈内，每个圆圈的外沿放着一些沙包或米包，游戏开始时，孩子拾起沙包砸击父亲的腿和脚，父亲可以跳，可以蹲，可用任何姿势躲闪，但不许出圈，一只脚出圈，也算失败。待孩子的沙包投完后，轮到父亲投掷，孩子也以同样的方式躲闪，一次对抗赛完后，以砸中的次数来评判，多者为胜。

实例十三

体育游戏：棋类游戏——小兔登"月球"。

（一）游戏目的：培养孩子遵守规则的习惯，训练孩子的反应速度，提高孩子的游戏兴趣。

（二）准备：棋盘（图三）用硬纸板做的小兔2只，一黑一蓝，旋转六面体（六面中有四面是数字，分别为1、1、2、3，剩下的两面分别涂成红色、白色）充当游戏时的骰子。

（三）参加成员：家长和孩子。

（四）玩法：由一位家长和孩子一起玩。每人各拿一只小兔放在起点上，然后轮流掷六面体。若掷出的是数字，数字是几就跳几步，若掷出的是红色面，则停止跳动一次，掷出的是白色面，则倒退一步。直到跳完最后一步就登上了"月球"。

（图三）

但若登上"月球"后最后一次掷的数字还没跳完就要倒退，如在跳到29 步时掷出一个"3"字，小兔跳的顺序应该是第一步为30，第二步为月球，第三步倒回到30。若在 29 步时掷出一个"2"字，就登上"月球"了，先登上月球者为胜。

实例十四

体育游戏——"小矮人"与"高个子"踩、夺花绳。

（一）游戏目的：练习屈膝走和踮步走，锻炼平衡能力，培养孩子机智灵活。

（二）准备：花朵绳 2 根（40 厘米的绳子两根，其中，一根绳子只一端系一朵花，另一根绳子两端各系一朵花，绢花和塑料花或系一条手绢均可）；沙发和小凳替代"安全岛"。

（三）玩法：孩子和一位家长分别扮"小矮人"和"高个子"，"小矮人"走的时候两脚要弯屈，身体要正直，两手可以叉腰，也可以自由摆动。"高个子"走时两只脚要踮起来，用前脚掌走，身体要正直，走的时候两腿不能弯屈。

开始时，"小矮人"拿一根只系有一朵花的绳子，系花朵的一端捏在手上，另一端拖在地上，"高个子"用前脚掌轻轻地踩花绳，"小矮人"要留心别让"高个子"踩到花绳，若被踩到，就算输了。接着"高个子"用前脚掌一边走，一边注意手里的两端都系有花朵的绳子不被"矮人"夺走，"矮人"一边走一边想办法去夺"高个子"的花绳，如果夺到了就算胜利了。在夺和踩的过程中，若被夺或被踩的一方进入"安全岛"上，对方就不能再去夺或踩了，但是二人在"安全岛"休息的时间不能停留太久。

家长和孩子应轮换扮演"高个子"和"矮人"的角色。

游戏结束时，家长应评议孩子的游戏动作，鼓励他更灵活地游戏或者克服怕失败的心理坚持游戏。

六、音乐游戏的特点及组织

1. 什么叫音乐游戏？

音乐游戏是指孩子在歌曲的伴唱下或音乐的伴奏下所进行的游戏。

2. 音乐游戏的特点。

音乐游戏具有乐曲和动作相结合的特点。在音乐游戏中，孩子是以有趣的游戏情节结合音乐的节拍通过动作来活动，来表现音乐的内涵的。游戏中的动作既要符合音乐的内容、性质，又要符合音乐的节拍和曲式，且应随着它们的变化而变化。音乐游戏的音乐有乐曲的也有歌曲的，游戏情节配以歌曲时，动作应符合歌词内容，配以乐曲时，动作应符合乐曲情绪的表现。在二者的配合中，必须具有一定的游戏规则。音乐游戏的形式多种多样，有的是以一定的主题、情节、角色为主要活动的游戏；有的是以舞蹈形式和带有竞赛性质来开展的游戏；有的只是简单的一组模仿动物的动作，配以音乐组成的游戏等等。开展音乐游戏可以引起孩子对音乐的兴趣，发展孩子的音乐感受能力、表达能力和创造力，培养孩子的节奏感和积极愉快的情绪。

3. 音乐游戏的组织。

（1）游戏的准备工作。家长在组织孩子游戏前应根据孩子已有的音乐方面的经验和音乐感受性，如会唱些什么歌曲、节奏感怎样等来选编音乐游戏，选择的音乐，节奏要鲜明，性质多样，形象优美，应能与动作密切结合。动作可以是现存的，可以是家长设计的，还可以是孩子设计创编的。选择歌曲则应符合孩子的音域特点，一般来说 3 岁以前音域为 c^1—a^1，3 岁以后孩子的音域可增宽到 c^1—b^1，歌词的内容应健康，易被孩子理解，若选择乐曲，乐曲表现的主题应是孩子能够理解的，能激起孩子愉快情绪的。

根据所选的音乐游戏准备道具、玩具和头饰等，以提高孩子的游戏兴趣。

（2）组织游戏过程。首先向孩子概括地介绍游戏名称、内容，引起孩子游戏的愿望。第二，请孩子欣赏音乐，并向孩子介绍歌曲大意或乐曲主题，然后让孩子观看家长的示范或听清讲解，再让孩子习惯动作和熟悉乐曲或学唱歌曲。当孩子在练习时不清楚规则，家长可进行多次示范或讲解。如果游戏内容和规则较复杂，可用分段讲解、示范与分段练习的方式来让孩子掌握；在孩子熟悉游戏内容和规则后可让孩子独立、连贯地进行游戏，以提高孩子的游戏水平。最后帮助孩子或让孩子独立地收拾游戏用品。

4. 音乐游戏实例。

实例十五

音乐游戏：分清左右。

（一）游戏目的：帮助孩子在游戏活动中分清左右，培养合节拍做动作的能力。

（二）游戏准备：孩子和父母均会唱《分清左右》的歌曲。

（三）玩法：孩子和父母一起唱歌曲，孩子边唱边做游戏动作。

歌曲第一段：第1～4小节按歌词内容分别向左、向右按节奏拍手。第5～6小节分别用左、右手翻手腕花，每两拍翻做一次，第8小节拍手四次。

附歌曲：

<h2 style="text-align:center">分清左右</h2>

1＝D4/4

李晋缓词曲

（第1小节） （第2小节） （第3小节）

向左拍拍， 向右拍拍， 向左拍拍，
左脚踏踏， 右脚踏踏， 左脚踏踏，
向左弯弯， 向右弯弯， 向左弯弯，

（第4小节） （第5小节） （第6小节）

向右拍拍， 左手跳舞， 右手跳舞，
右脚踏踏， 左脚跳舞， 右脚跳舞，
向右弯弯， 向左看看， 向右看看，

（第7小节） （第8小节）

左手右手， 分得清楚。
左脚右脚， 分得清楚。
向左向右， 分得清楚。

歌曲第二段：双手叉腰，第1～4小节分别用左脚、右脚在"踏踏"处踏两下，第5～6小节按歌词内容把左脚伸向左前方、右脚伸向右前方，脚跟着地分别做一次，第7小节动作同第5～6小节，第8小节踏步四下。

歌曲第三段：双手叉腰，第1～4小节分别向左右弯腰，每小节弯两下；第5～6小节分别向左右看，第7小节动作同第5～6小节，第8小节向左右摇头四下。

实例十六

音乐游戏：找朋友

附歌曲：

找朋友

1＝C4/4 欢快活泼地

```
5 6    5 6    5 6    5  |  5 i    i 6    5    3  |
```

（第1小节）   （第2小节）

找呀 找呀 找呀 找，   找到 一个 朋 友，

```
5 5 3    5 5    3 | 5 5    3 3    1 5 3 | × ×  | × ×  ‖
```

（第3小节）   （第4小节）   （第5、6小节）

敬个礼，敬个 礼，握握 手呀 笑嘻 嘻，再见! 再见!

（一）游戏目的：学习随音乐节拍做跑跳步，同时可教育孩子礼貌待人。

（二）游戏准备：会唱歌曲《找朋友》。此游戏适合于3岁多的孩子。

（三）玩法：这个游戏可以是全家人一起参加，也可以是孩子和另一位家庭成员一起玩，但参加总人数一定要为双数。

第1小节：孩子边拍手边跑跳，家长边走边拍手。

第2小节：孩子跑跳到家长面前，家长仍然拍手。

第3小节：孩子向家长敬个礼，然后家长给孩子回一个礼。

第4小节：两人握着手抖动两次，然后相互友好地笑一笑。

第5～6小节：两人各做一个再见的动作

继续第二遍游戏。可以连续玩4～6遍。当全家人参加时，第二遍游戏时可找一个新朋友做游戏。

七、娱乐游戏的特点及组织

1. 什么是娱乐游戏。

娱乐游戏是一种特殊的游戏形式，它具有鲜明的逗乐因素，主要目的是带给孩子欢乐，培养孩子机智敏捷的头脑和灵活的判断能力。

2. 特点。

（1）动作迅速。游戏时，参加人员的动作必须迅速，这样才能提高游戏的娱乐性。如在慢动作的情况下，就不可能出现滑稽的动作。

（2）游戏者必须在限定的时间内作出游戏动作（或突然反应或控制行为）。

（3）娱乐游戏的方式随意性较大，也很灵活，但游戏的规则性很强。它不需要或少需要玩具、材料，简便易行，也不需要很大的场地，游戏时间可长可短。

3. 组织。

娱乐游戏的组织中家长只要让孩子掌握了规则便可施行，游戏时一定要遵守规则，设计的游戏动作一定要难度小且能引起孩子极大的兴趣，确定游戏的规则时要符合孩子的动作水平。

4. 娱乐游戏实例。

实例十七

娱乐游戏："猫咪说"。

（一）玩法：孩子和家长为一对游戏者，游戏中以一方为发令员，发出各种动作命令，另一方必按发出的每个号令做动作，除非号令的开始没有"猫咪说"这个词。如果没有这个词，而另一方随号令做出了动作，就算输了。输者必须学小猫边叫边绕发令员转一圈，然后交换角色。

（二）规则：

（1）做动作时必须反应快。

（2）做动作时，号令的前面一定要有"猫咪说"这个词，没有，就不能做。

例如：家长扮发令员，孩子是动作者，家长说"猫咪说，摸你的头"，孩子就摸一下头，家长说："猫咪说，指你的鼻子"，孩子就指一指鼻子，家长只说："弯腰"，而没说"猫咪说……"，此时若孩子弯下了腰，就算输了。

实例十八

娱乐游戏：吹蜡烛。

（一）玩法：家长和孩子一起比赛吹蜡烛，10 支蜡烛。孩子离蜡烛30 厘米远用两口气吹蜡烛，家长离蜡烛的距离是孩子的两倍，但只用一口气吹，看谁吹熄的蜡烛多，多者为胜。

（二）规则：游戏者吹蜡烛时，头部不能超出 30 厘米（或60厘米）处的划线而凑近蜡烛，否则犯规，算输。

八、电子游戏的特点及组织

1. 什么是电子游戏？

运用电子游戏机开展的游戏叫电子游戏。电子游戏也叫电脑游戏。在现代社会，电脑的发展越来越迅速，它已广泛地应用于工业、农业、商业、交通、国防、办公自动化、文教卫生等。电脑的本领很多，如判断能力、记忆能力、计算能力等等，所以，它已被各行各业广泛运用。随着人们生活水平的提高，电脑也进入了家庭（商店里的电子游戏器有的才十几元钱一个），步入到孩子们的玩具行列之中去了，家庭电子游戏也就应运而生。

电子游戏出现在孩子们的游戏中已经有了一段历史了。美国越来越多的家长们认为，孩子们对电脑的学习越早，成才的机会就越多。研究专家们认为，孩子 3 岁时期是足以影响一个人将来的重要发育期，是施行家庭教育的最适宜时期。为此，美国家长们都争先恐后地让 3 岁的孩子开始学习电脑，玩电子游戏。据美国教育统计中心调查，在 13 年中，美国 3 岁孩子受电脑教育的人数在原来基础上增加了一倍，从 4 岁起学的，人数从原来的 28% 上升到 46%。到 1987 年，美国已有 1400 万个家庭拥有家庭电脑。根据心理学家、电脑专家、医学家们的理论成果，美国家长们开始迫不及待地让孩子从 3 岁起学习电脑，玩电子游戏，惟恐自己的孩子在电脑时代成为"电脑盲"。到 20 世纪 80 年代末期，"幼儿电脑教育"已在美国应运而生。在我国，一些大中型城市如上海、武汉等地已开始试行"电子游戏"。为了孩子能有一个科学的大脑，使孩子不致成为电脑时代中淘汰的一代，家长们应该重视电子游戏在孩子游戏生活中的作用。

2. 电子游戏的种类。

电子游戏的种类很多，有运动神经型的动态游戏，有猜谜和讲故事的静态游戏，有旋转游戏，还有对弈游戏等。凡是日常生活中孩子的游戏，通过电脑大体上都能进行。孩子开展电子游戏时，必须通过软件（程序系统）才能进行。现在在我国通用的游戏软件有一千多种，如"击剑""机器人""反击宇宙入侵者""打球"，还有战略模拟游戏软件"骑士""兵舰与大海""蝴蝶与音乐"等。引导孩子们玩电子游戏不仅可以丰富知识、发展智能，锻炼支配敏捷的反射神经和动作，培养逻辑思维能力，还可为孩子今后更好地适应和创造现代生活奠定基础。随着我国科学技术的不断进步和发展，电脑的使用将会越来越普遍，电脑的学习从娃娃开始是很有必要的。有人把电脑知识称作"第二文化"。为了孩子今后能掌握好"第二文化"，家长们应帮助他们奠定好这个基础，开展好家庭电子游戏。

3. 电子游戏的组织。

家长在组织电子游戏时首先要做到明确概念，这样才能具备操作电子游戏机的最起码知识。"游戏软件"是个最重要的概念。所谓"游戏软件"就是游戏的程序系统。程序系统中的图像和文字就像声音被记录在录音磁带上一样，它以符号的形式记录在盒式磁带（或软盘机）上。如果没有它，电子游戏机的其他部件都是不能起作用的。电子游戏是借助这些特别的程序系统在显像管上进行而开展的。

盒式磁带或软盘机相当于电子游戏机中的一些记忆装置，家长在组织孩子玩电子游戏时，应该认识到在选择游戏内容——游戏软件时，电子游戏机按您的选择把游戏程序软件从储存器中取出存入到了电子游戏机的主记忆装置中去了，当孩子按动游戏机键盘上的键钮（或摇动操纵杆）时，荧光屏上就开始显示，游戏也就开始了。随着孩子手的动作的变化，游戏过程不断深入，若孩子反映灵敏，思维灵活，动作熟练，电子游戏时间可控制得长一些，最后还可以胜利告终，否则只能进行很短时间，但随着孩子的不断练习，游戏水平会不断提高。因此，孩子在游戏时，家长要在旁辅导。

有条件的家庭可以购买一台中档家庭电子游戏机。如"中华牌"电子游戏机。条件差一点的可花30多元钱买个微型电子游戏机，以便孩子开展游戏。

由于学龄前孩子身体发育还不完善，他们机体的各器官和功能都正在逐渐发展，尚未完善，因此，家长们不应多让孩子去"街头巷尾"的娱乐室玩电子游戏。在这类电子游戏机玩游戏，需要孩子付出极大的努力才能开展起来。长时间去玩它，会影响孩子的机体发育，损伤孩子的身体健康。

4. 电子游戏实例。

实例十九

电子游戏：大炮打飞机。

玩法：孩子可以根据规定通过按键盘上的键，控制大炮的方位，并发射炮弹。目标是直升机、伞兵和炸弹。大炮击中飞机记5分，击中伞兵记2分，击中炸弹记25分，空发一枚炮弹倒扣1分。另外，无论炮台的哪一边，只要落下4个伞兵，他们就会搭成人梯，把炮台摧毁。如果有一个伞兵或是一枚炮弹，直接落在炮台上，大炮也会被摧毁。游戏就到此结束。

实例二十

电子游戏：击剑。

玩法：游戏一开始就出现了一个古代勇士，他在寂静的森林里遇到了危险，于是一场激烈的战斗就开始了。勇士先后遇上了大棒坏蛋、敌人、猫、狗、蛇……孩子可按键盘上的"有"键，去控制勇士上、下、左、右、前、后的出剑。如果勇士消灭一个对手，左边记分台上累加1分。右边的记分台是记录勇士受伤的次数的。刚开始右边记分台显示"3"字，勇士受伤一次，就减去1，要是勇士受伤三次，游戏就到此结束。

　　注：在实例十九、二十中，若孩子的技能高一点，游戏的时间可控制得长一些，若技能差一些，上机后几分钟，游戏就会结束。孩子在游戏时，家长可辅助他进行。

第五节　民间游戏及其在家庭中的运用

一、民间游戏的定义

在我国丰富多彩的文化瑰宝中，民间游戏作为一种独具风格的娱乐文化，它由劳动人民创造，并广泛流传于民间。它以富有浓郁的民族风格的游乐形式，启迪着孩子的智慧，帮助孩子们认识自然，认识劳动，认识社会生活。由于它具有很强的趣味性、表现力和娱乐价值而使它充满了魅力。

"荷花荷花几月开"、"炒蚕豆"、"虫虫飞"等游戏，以自然现象和日常生活等为素材，构成简单而富有情趣的活动。这些小儿游戏，有的是孩子的自我创作，有的由成人从孩子们的日常生活里的娱乐方式中提炼出来，在长期广泛的流传中不断变化、丰富，蕴藏着淳朴的自然风味。

二、民间游戏的特点

（1）以日常劳动和自然现象为游戏的主要内容。

民间游戏的素材多采撷于人们的平常的劳动生活和朝夕相见的自然现象，自然朴实，少加修饰，"孵小鸡"、"炒蚕豆"、"小鸡吃米"、"摇小船"等，将日常生活之所见，以简化的方式再现出来，表现了成人和孩子对劳动生活的歌颂和赞美以及对生活现象的浓厚兴趣。

（2）以表现和体验某种生活的趣味性为主，一般没有明显的教育目的。

比如"买小狗"。一小孩扮养狗人，另一个扮买狗人，小狗若干，小狗瞑目休息时，买狗人敲门说"请开门"，养狗人问："你是谁?"答："我是来买狗的。"问："你要什么狗?"答："我要小花狗。"如此一番对话之后，买狗人带走了小狗，游戏结束。在这里，游戏再现的只是买狗人的假情节，其中的小狗有各种颜色、轻拍小狗睡觉、小狗"汪汪"叫等，都是很有趣的。孩子在模拟中获得了某种情趣。它不同于幼儿园总想通过某一游戏，让孩子认识颜色，或发展思维能力等。这一类的游戏，一般教育目的不清，但从中获得趣味性则是明确的。

（3）不要求有丰富的游戏物质材料。

很多游戏，都是几个小孩，手一牵，围圈而坐，便开始游戏，自始至终都是拉手进行的，以动作和对话为主。如"三轮车"游戏，手往肩上一搭，车便成了，"滴滴滴"就开走。"炒蚕豆"游戏中，两个小孩对面一站，彼此握住对方双手，豆子便炒了起来。无需持物。

（4）民间游戏常配有歌谣。

这些歌谣通俗、押韵、顺口、易记，动听而又有丰富的生活内容，与动作相配合，以一定的节奏协调动作。有的歌谣带有叙事性，描绘性，增加游戏的趣味和诗情画意，对孩子的联想、语言的发展都有极好的作用。如"虫虫飞"游戏，母亲捉着婴儿

的双手食指，念一句，让婴儿食指相互碰一下，如此反复。"虫虫飞，虫虫飞，虫虫不咬娃娃的手，娃娃躲在灶门口。"动作极简单，但歌谣却充满了自然的情调。又如"摇小船"中的歌谣，寥寥数语，生活图景毕现，语言优美，情景动人。对孩子的语言学习和认识、描绘生活能力的提高以及丰富孩子的想象世界都有极高的价值。

民间游戏中常常表现出各式民风民俗，纯真朴实，最能陶情冶性。

三、民间游戏的吸收与运用

民间游戏诞生于民间的土壤，是祖祖辈辈的劳动者留给我们的宝贵的精神财富，是带有浓郁乡土气息的智慧之花。对它进行全面的收集整理、发掘和研究，探讨它的诞生、发展、演变和定型的过程，分析其丰富的审美价值，并将它移植于家庭教育中，必将能获得明显的效益。

如何运用民间游戏为家庭教育服务，是一个值得深入研究的问题。首先家长要注意留心收集，选择运用。其次对有些民间游戏要根据家庭环境和条件加以改造，使之更适合于自己家庭开展，适合于孩子的身心发展特点。第三，要注意提炼，吸收其有益的部分。绝大部分民间游戏都是健康、活泼的，如果经过提炼加工，会大大增加它的教育功能，丰富其娱乐价值。

四、民间游戏选例介绍

例一　荷花荷花几月开

游戏目的：通过游戏让孩子了解一年四季各种鲜花开放的时间。

游戏玩法：孩子扮蜜蜂，其余家庭成员扮花朵。游戏开始时，花朵们把蹲着的小蜜蜂围在中间，并将手搭在孩子的肩上，齐声问小蜜蜂："荷花荷花几月开?"蜜蜂问答："一月不开二月开，二月不开三月开，三月不开四月开……"当小蜜蜂说到六月时，花朵说："荷花开了。"同时把两手从蜜蜂肩上移开，做成花朵状（掌心相对，手指稍稍向外倾斜，置于脸庞两边），小蜜蜂随之而站立，飞舞着翅膀到每朵花上去采蜜。采完蜜后，游戏重新开始。

第二遍游戏时，可以将"荷花"改成"迎春花"，或是菊花、腊梅花，花开的时间也要随之而更改。家长们采用此游戏还可以根据家庭的特点加以改变。

例二　石头、剪刀与布

游戏目的：练习动作敏捷、准确和迅速的判断力。

游戏玩法：两人相对开展游戏。首先两人弄清楚出示手掌且掌心向上表示布，伸出食指与中指表示剪刀，出示拳头表示石头。石头可以敲打剪刀，剪刀可以剪开布，布又可以包住石头。

游戏时，两人都将右手（或左手）放在背后，一齐说"一、二、三"，当要说"三"时，右手迅速地边做石头（或剪刀或布）边伸出，手的动作和说的"三"字一起完成，动作做出后不许更改。然后根据两人的动作判别胜、负，胜方可以做一个惩罚负方的动作。如两人的动作分别是剪刀和布，那么剪刀可以剪几下"布"，若是石头和剪刀。"石头"可以敲打几下"剪刀"。游戏重新始复进行。

游戏规则：比赛双方出手时，一定要在说"三"字时，一起伸出，不许拖后，否则犯规。

例三　炒蚕豆

游戏目的：练习转身动作的迅速性。

游戏玩法：两人为一组，面对面站立，并握住对方双手，边左右摇荡着双手边念儿歌："炒蚕豆，炒蚕豆，炒完蚕豆翻跟头。"当念到"翻跟头"时，两人都把头从另一个手臂下钻出，绕一圈，仍然面对面站住。游戏继续进行。

注：儿歌中的蚕豆可以换成黄豆、绿豆、花生等，豆子的变化可增加游戏的娱乐性。

例四　摇小船

游戏目的：练习对话，培养交往能力。

游戏玩法：

孩子的母亲和孩子一起玩。孩子的母亲坐在凳子上，把凳子当做小船，边摇船儿边念儿歌："摇呀摇，摇呀摇，摇到外婆桥，桥边真热闹，桥下船儿多，桥上马儿跑。好宝宝，我带你到外婆桥。"孩子说："妈妈妈妈，带我去吧，我要去外婆桥。"妈妈说："你不听大人的话，我不带你去外婆桥。"孩子说："带我去吧，我以后听大人的话。"妈妈答道："好！听话的宝宝上船吧！"孩子坐在母亲的凳子后面，或拉着母亲的衣服站在后面，和母亲一起做划船的动作。

游戏规则：儿歌念完后才能开始对话。

第六节　组织家庭游戏应注意的问题

一、按孩子年龄大小确定游戏时间的长短

由于孩子年龄不同，他们注意的稳定性也不一样，注意的稳定性是孩子正常的游戏活动获得良好效果的保证。孩子的注意有很大的不稳定性，他们的注意力容易分散。游戏是促进孩子身心发展的活动，游戏中若孩子的注意力分散了，那么游戏对孩子就起不到促进的作用，因此，家长在组织家庭游戏时，应根据孩子注意的稳定性特点来确定游戏时间。

有人对孩子在游戏时的最大限度的注意时间做了实验。实验结果表明，在游戏中孩子注意的时间是随着年龄的增长而增长。2～3岁孩子的主动注意时间约为9.7分钟；5～6岁时，约为62.8分钟。由于游戏的兴趣性，孩子游戏时间就大大地超过了这一标准。2～3岁孩子注意持续的时间为20分钟，5～6岁时则为96分钟。但家长在组织游戏时不能以这一时间为标准来确定游戏时间，因为20或96分钟之后，孩子就出现游戏兴趣减弱的现象，所以3岁以内的孩子每次游戏的时间以15～18分钟为宜；3～4岁，以25～30分钟为宜；4～6岁，以35～40分钟为宜。根据游戏时孩子吸引力程度，也可适当延长或减少游戏时间。

另外，游戏的性质不同，玩游戏的时间也应有所不同，活动量大的

游戏，时间可稍短一点，活动量小的游戏，时间可稍长一些。

二、了解孩子游戏的特点

孩子从出生到五六岁，这期间他们生活的中心便是游戏，他们知识的学习、技能的掌握、个性的发展、品德的培养、情趣的陶冶等都是在玩游戏过程中获得的。

2岁以前的孩子正是各类游戏的萌芽阶段。他们喜欢各种各样颜色鲜艳且能发声发光和活动的玩具，特别喜欢小动物，他们不管玩什么玩具，总有摸、拿、摇、打、摆等各种探索动作与之相随。

当孩子2～4岁时，他们的创造能力提高很快，喜欢用各种游戏材料。如沙、水、石、废旧物品（安全卫生的）来创造物体，来模仿成人的现实生活，特别喜欢与伙伴玩游戏，能够提出和遵守游戏规则。4～6岁的孩子们更喜欢玩规则性游戏和玩创造性游戏，游戏时能自己提出主题，设计情节，组织游戏，他们对游戏的结果也特感兴趣。家长组织游戏时，首先要从孩子游戏特点的普遍性表现出发，了解各年龄段孩子游戏的一般性规律。其次，要具体分析自己的孩子的游戏特点，掌握他喜欢什么玩具，偏好什么游戏，以及孩子个性性格对他的游戏活动的影响情况来确定游戏的选择和组织。

三、家长应该指导游戏而不是包办游戏

家长应是家庭游戏的指导者，家长的任务就是帮助孩子按孩子自己的意愿去开展活动，使孩子成为游戏的主人，使他们的主动性与积极性得到充分的发挥，若是包办代替，那么孩子的游戏水平永远也得不到提高。

四、家长的游戏语言在游戏组织中的运用

家长真切、恰当的游戏语言，可以起到激发孩子游戏兴趣，启发孩

子寻找解决问题的方法，帮助引导孩子完成游戏过程的作用。在游戏中，孩子会遇到各种各样的困难，当孩子作出了努力，但又未能解决之时；当孩子游戏兴趣正浓，但又应适可而止时……家长可用游戏的口吻引导解决。比如，妈妈做饭时，孩子开始游戏，他正扮演一个交通民警值班。饭做好了，可孩子玩兴正浓，此时，强行令其终止是不合适的。如果妈妈说："民警同志，该下班休息了。"以这种游戏语言来解决此时的矛盾，效果会好得多。因此，对游戏时出现的矛盾和问题如果总是由家长代替解答或是强迫命令孩子按家长的意见去办，那将挫伤孩子的游戏兴趣和降低他们解决问题的能力。为此，家长组织游戏时，应注意：

①少用或不用命令语言，多用鼓励、商量语气的语言；②最好以玩伴的语言或游戏角色的语言来组织游戏和解决游戏中的问题。

五、绿色游戏场和家庭游戏场相结合

美丽的大自然是一个影响、制约我们的一个"场"，当孩子们游戏其间时，它便成了孩子天然游戏场，在大自然里游戏，更会带给孩子莫大的兴趣。法国的"绿色课堂"就是为孩子们的游戏活动而设计的。我国的家庭游戏也应该注意室内室外游戏的结合，使孩子们既能在温暖的家庭游戏场中游戏，又能在绿色的天然游戏场中自由愉快地游戏。每当夕阳西下，明月东升之时；每当雨雪霏霏，大地银装素裹时；每当春暖花开，鸟儿歌唱时；每当落叶飘零，秋高气爽时；每当繁星满空，夏虫唧唧时，都是孩子和家长游戏的美妙时刻，它给孩子的智慧、情感、性格形成的影响是无比深远的，它所能给予的东西常常是在家庭中游戏时所得不到的。而在家庭里游戏，又可整理、巩固从大自然中获得的认知。两种游戏活动相结合，对孩子的智能和完善人格的形成将起到重要作用。

第三章　玩具的选择、制作和使用

日本曾有一个阿普丽加育儿研究会，他们把孩子的玩具与游戏的关系概括为：

0～14个月的孩子是被玩具引导着游戏；

14～30个月的孩子是被玩具启发着游戏；

30～54个月的孩子是和玩具一起游戏；

54～72个月的孩子是有效地利用玩具来游戏。

这种关系表明：随着孩子年龄的增加，玩具由游戏中的主导地位，变成受支配的地位。但这并不表明玩具在游戏中的价值发生变化，它仍然是作为游戏的一种物质基础而存在，随着孩子思维的发展，孩子对玩具的使用更具主动性，玩具的功能和效用被更大限度地发挥出来。一个好玩具，不仅能诱导孩子游戏的兴趣，更重要的是它能加深孩子对周围人们现实生活的认识，帮助他们想象，培养他们的技能技巧。玩具是教育孩子的百科全书。重视玩具的理由非常简单，对玩具的有关知识不了解，特别是对玩具的种种功能不了解，会严重影响玩具的开发和使用，会严重减弱玩具这一对孩子进行全面培养的工具的重要效用的发挥。目前，我国玩具的生产、制作、研究和运用还远不能满足孩子的身心发展的需要。这是我们全社会，也包括广大家长应引起重视的重要问题。这里仅就与家庭教育关系较密切的几个方面作些探讨。

第一节　儿童玩具的选择

一、选择玩具的意义

　　玩具是孩子的天使，是他们认识世界的有力工具。孩子们是通过玩玩具来积累知识、掌握知识、学习技能、发展个性的；是通过玩玩具来提高学习兴趣、形成学习习惯的。玩具在孩子的身心发展过程中是必不可少的。每当"六一"儿童节的来到；每当家长出差、旅游；每当孩子过生日的时候，家长们都会为孩子添购玩具。一个好玩具，能给孩子带来无限的欢乐，增添无穷的乐趣，使孩子能在玩玩具的自然活动过程中获取身心发展所需要的一切；一个坏的玩具，往往会降低孩子游戏的兴趣，形成对客观事物的不恰当的印象，不卫生和不安全的玩具还会使孩子染上疾病和损伤孩子的机体，给孩子带来痛苦。有时不符合孩子年龄特点的玩具，即使价格再高，孩子也可能并不喜欢，玩具不能发挥其应有的功效，这也只会给家庭带来不必要的经济损失。

　　有的家长认为玩具价格越昂贵，越高级，智力开发作用也就越大，因此选购玩具时只管选贵的买；也有的家长认为玩具只不过是哄哄孩子，打发孩子的时光的玩艺儿，要不然，孩子一天到晚呆在家里干些什么呢？所以购买玩具时随便买一个就得了，不必那么认真。这些看法都是不对的。因为他们对玩具的价值体现认识不准确，或者没有充分认识玩具的价值。家长对选择玩具的定义给予重新认识是必要的。在当今独生子女越来越多的情况下，家长们更应该重视玩具的选择，购买一些真正有价值的玩具，这样才能使玩具更充分地发挥它对孩子的教育作用。

有这样一个家庭，爸爸妈妈带着 5 岁的孩子去买玩具，一家人站在玩具柜前，柜中的玩具琳琅满目，令人眼花缭乱。孩子眼巴巴的看着，爸爸妈妈思忖着，看看、选选，选选、看看，最后由妈妈决定花 20 多元钱买了一个电动汽车。电动汽车买后，刚开始，孩子很高兴，可高兴的劲儿只保持了几天便消失了，以后孩子很少玩这个电动汽车，还是去玩他很喜欢的那些装着沙土的火柴盒子。爸爸妈妈非常生气，都怨孩子没出息。实际上，造成这种后果的症结在于母亲，她并没有理解玩具与

孩子年龄特点之间的关系，她没根据自己孩子的年龄特点去选择玩具。一个 5 岁的孩子最喜欢的玩具并不是玩法单调，缺少变化，难以发挥想象，不便操作的玩具。因此，作为家长，善于选择玩具应该是她必备的一种能力。

二、如何选择玩具

我们所要谈到的选择主要是指家长根据孩子年龄特征对现存玩具的选择。

1. 选择具有魅力的玩具。

从玩具的魅力来看，选择的玩具必须色彩鲜艳，夺目耀眼、形态各异、变化多样、声色俱全、生动有趣、符合孩子的身心发展特点。关于这一点，第一章里已有详述。

2. 选择具有教育性的玩具。

玩具的教育性可以说是玩具的隐蔽性特点。教育性是通过它的外形特征和孩子的玩耍结合之后产生的效果。家长选购时必须考察它的功能和价值。孩子是通过玩具开展游戏来认识世界的。玩具鲜艳的色彩、生动的形态、悦耳的声音和丰富的活动性都是现实生活中实物特征的真实反映和艺术性反映，并使之概括化和简洁化、明朗化，孩子通过玩耍，理解和接受了实物的特征和社会化用途。因此选购时，玩具体现的特征必须符合现实生活和客观事物的内在规律。如棕色的松鼠就比白色的好，红色的狮子就比绿色的好，不会发声的长颈鹿就比会发声的好。当然经过艺术加工的玩具并非失真，它们只不过是加上了制造者的想象而已。经过想象加工的玩具如果是符合情理、符合事物本质特征的，它仍然是具有教育性的。有时那些对事物特征进行了合理的、夸张变形的玩具，更能丰富孩子的想象，扩大其教育价值。穿着白大褂的猴子、系着围裙的兔子、戴着头巾的母鸡等拟人化的动物形象，会更富情趣，都能很好地为孩子创造性游戏服务，丰富孩子游戏的情节，帮助孩子创造性地反映现实生活。

家长若为了选购一件锻炼孩子某一方面能力的玩具，应该考虑那些教育性和娱乐性相结合的玩具，达到寓教于乐的目的。如为了提高孩子的加减运算能力，可去买个计算器玩具，或滚动魔题筒，但计算器的装饰不可过于复杂花哨，魔题筒中魔的重点应在计算题上，而不在于引起兴趣的图案变化上，因为那样会分散和转移孩子的注意力，偏导兴趣，达不到增长知识的目的。

玩具的教育性还须与孩子的年龄相结合。玩具的教育性再好，若不适合于自己的孩子，同样达不到教育孩子的目的。如为1～2岁的孩子买个磁性绘画板，为6岁的孩子买个电动"小猴推磨"，就不会激起孩子的玩兴。玩具的教育性也就发挥不出来。因为1～2岁多的孩子手的各种动作还未达到协调的水平，他拿着绘画板一下子就会把它戳穿，也不会操作消磁杆，而6岁的孩子已经具备了一定的操作能力，他喜欢由自己动手操作的玩具来满足他的好奇心和求知欲望，电动玩具则使他无从参与动作，要么他搁下玩具不要了，要么就动手拆了它。因此选择玩具时孩子年龄的大小不可忽视。给年龄小的孩子玩具的活动性应多点，年龄大的孩子玩具的结构灵活性和功能要多点。这样，才能更好地利用玩具的教育性。

用玩具充满孩子的生活也不好。有的家长认为玩具越多越好，这是不符台选购要求的。因为过多的玩具，给孩子提供了过多的刺激。而超载的刺激会使孩子眼花缭乱、无从选用、注意力分散，导致孩子心情烦躁，使他定不下心来玩好每一件玩具，玩具的教育性也就体现不出来。所以选购的玩具以适量为好。

3. 选择设计简单，使用方便的玩具。

设计复杂的玩具需要孩子有很强的综合运用能力来使用。对于学龄前的孩子来说，他们的思维是以直觉行动思维或具体形象思维为主的，他们的行动、能力的发挥都受他们思维水平的制约，他们不可能运用抽象概括的综合能力去玩好设计复杂的玩具。

设计复杂的玩具常常规定有一套比较烦琐的使用程序，而学龄前孩子的理解能力有限，他们没有能力去"照章办事"，又不能随意的使用，因此他们的主动性得不到发挥，自由的心性也受到抑制，他们玩起来也难以产生兴趣。所以家长为孩子选购的玩具必须设计简单，操作程序易于理解掌握，操作过程中又能"随心所欲"，便于孩子主动性的发挥。

4. 选择耐玩的经济实惠的玩具。

现在玩具销售市场上劣质玩具比较多，据 1985 年北京市的一次调查发现，孩子的玩具品种比较少，而且质量差，很多玩具买回家，没玩一会就坏了；吹气玩具常漏气；手推飞马，没推几天，推棍就被折断，翅膀也飞不起来了，特别是塑料玩具最易损坏。在这样的玩具市场选购玩具时，注意玩具的耐玩性就显得尤为重要了。在制造玩具的材料中，一般而言，木质的、软塑料的、橡胶的、金属的、布质的、毛绒的就比较好。有些用这类材料制作的玩具结构不牢固，也很易损坏。选购时要注意将材料性质、制作工艺、玩具的结构以及孩子的需要综合起来。

有的家长认为只要玩具的质料好，看上去漂亮就行了，其他的都不必管，家里只有这一个宝贝，大量的钱花在他身上也在所不惜；即使是不耐用的玩具，坏了可以再买。这种想法是不恰当的。每当孩子拥有了一个他想要的玩具，大多会高兴不已，把它看成心爱的宝贝，可玩了两天就坏了，家长既费了钱，又给孩子带来了极大的不快。不顾好坏，"一坏就买"，玩具来之太易，久而久之就会使孩子养成不爱惜玩具、挥霍浪费的坏习惯。为此，选购玩具时，家长一定要考虑玩具的耐用性能，做到既经济又实惠。

5. 选择安全、卫生的玩具。

好的玩具应该是既安全又卫生的。安全、卫生的玩具能保证孩子身体的健康与愉快。因此家长在选择玩具时，应看看玩具在使用过程中是否安全，是否符合卫生标准。如尖角、锋利的玩具就不应购买，它会割破和刺伤孩子的身体，不能洗濯的玩具也不应购买，因为玩具被孩子玩脏后不能清洗消毒，易传染病菌，又影响美观。玩具上的饰物应安装牢固，以免误吞。颗粒太小的玩具，如胶粒积塑，孩子玩时也易塞入鼻孔、耳孔或吞下去，家长不宜为 3 岁以前的孩子选购，3～6 岁孩子玩此类玩具时，家长应予及时指导和叮嘱。

玩具买回之后应经常清洗、消毒、保证卫生。就我国目前的情况来说，生产的玩具在安全卫生方面远远低于国际上玩具的安全卫生标准。所以，家长在选购时应格外注意。

1987 年 10 月我国制定了安全玩具的国家标准，这个标准包括三个方面的内容：

①机械物理性能标准。孩子们玩玩具时摔打、咬啃的现象是经常发生的，特别是 3 岁以前的孩子。因此要求玩具耐啃咬、耐跌落。玩具不能一咬就碎，碎片孩子易吞食，会造成梗塞窒息，玩具跌落后不允许破损、动作失灵、分离等。

②玩具的易燃性标准。所有用来制作玩具的材料和面料均应不易点燃、烧着，塑料玩具也是如此，以免烫着、烧着孩子的身体。

③玩具的化学性能标准。用来制作玩具的材料中铅、汞等有毒物质不得含有。避免孩子啃咬后出现中毒危险。

6. 选择好玩的玩具。

孩子们在玩玩具的过程中无时不在运动着。孩子的参与可帮助他们想象力、创造力的发展；能使孩子具有一个灵活的大脑和灵巧的双手。因此玩具的好玩性必须是长期的，永远地玩不腻。

显然，"小熊打鼓"、"小妹敲琴"的玩具很好玩。孩子把刚买回的玩具拿出来放在桌上或其他地方，把开关一开，小熊、小妹就开始了打鼓、敲琴，那活动的姿态实在可爱，又是摇头晃脑，又是挥动小手，又是转动身体，还有清脆的音乐声随之发出，此时孩子兴高采烈。但孩子每次打开开关得到的都是这些信息，孩子也只能作为旁观者，既没有变化的新鲜的刺激来作用于孩子，又没有孩子的直接参与，玩了几次，孩子便玩腻了，这玩具也就不好玩了，前段时间的好玩只不过是暂时性的，是玩具的新鲜所引起的。前面提到的那个孩子对电动汽车只有几天的兴趣，而又重新去玩他的沙土火柴盒的原因就是如此。

只有那些能使孩子保持长久探究兴趣的玩具才是好玩的，那些能使孩子在不断变化中获得新鲜感、不断获取知识的玩具才是好玩的玩具。

7. 从孩子的性别出发、交叉选择玩具。

有这样的一种选购观念：男孩应该玩枪、剑、猴子、大汽车、坦克、飞机、建筑积木等结构性玩具，女孩应该玩布娃娃、炊事玩具、拼图积木、小白兔、小猫咪等玩具。这种为孩子选购玩具的传统观念形成已久，影响很大。有研究表明，男同志善长抽象逻辑思维，女同志善长于形象思维，青少年时期男女之间的思维差异与孩子幼小时期教育者的指导思想和教育方式相关度很高。选购玩具的偏颇现象就是在一种不当的指导思想下产生的。

在家庭，家长们往往带着传统的定向培养观念，选购活动性较大的玩具给男孩子游戏，培养他们活泼、大胆、勇敢的性格等，即使"野"一点也觉无所谓。对女孩来说，家长们认为文静、温顺就是美德，因此，为她们选购的玩具中大部分都是"静"一些的桌面玩具、手工玩具、反映家务劳动的玩具等。这种带着"有色眼镜"为孩子选购玩具的思想、方法是造成孩子片面发展的根源之一。

从现在的人才观来看，孩子需要全面发展。在信息时代，人们是靠自己的技能、知识去竞争，去生活的。竞争之中男女平等，特别是当前女性在社会活动中的作用越来越明显，使得女同志也能像男同志一样走向社会，自由探索。男同志也像女同志一样深入家庭。他们生活、工作范围互相渗透，对他们才智、技能要求也更全面。为了孩子将来能适应社会的发展，为了他们能服务于社会主义现代化建设，为了他们的个性得到自然的展示，创造潜力得到充分的发挥，家长们首先应该做到的就是从孩子的性别出发，为孩子交叉选择玩具，以培养孩子广泛的兴趣和完善的个性。

对男孩子除培养他们活泼开朗的性格之外，还应选购一些能培养他们细致周密、心灵手巧、充满爱心的个性品质的玩具。如：布娃娃、小猫咪、小白兔、积塑等。对女孩子，除培养她们文静、秀雅的美德之外，还应该为她们选择一些活动量较大的玩具，如枪支、飞机、长剑、坦克以及一些建筑性玩具等，丰富她们的活动性游戏的内容，培养她们勇敢、坚强、活泼的个性品质，锻炼她们的体魄。孩子不管是男还是女，家长们均应该交叉、全面地选择这两方面的玩具，培养他们的多种能力和素质。

8. 对非专门化玩具的选择。

所谓非专门化玩具也就是指马卡连柯玩具分类中的半成品玩具和各

种游戏材料。这些非专门化玩具在孩子的游戏中往往起着替代物的作用。

游戏中，孩子能有意识地使用替代物，那就表明孩子的思维水平已开始从具体形象思维向抽象思维发展，想象水平有了很大的提高。因此，家长在选择玩具时应重视对非专门化玩具的选择和对半成品玩具、废旧物品和各种自然物品的选择。这样不仅有利于培养孩子勤俭节约的习惯，培养他们利用材料制作游戏工具的能力，还有利于发展他们动手操作的能力。过去一些幼儿教育专家、教师以及研究人员在对 150 名 2～6 岁的孩子进行调查后也得出了同样的看法。

他们调查的结果是：孩子们在"爱怎么玩就怎么玩，有问题自己解决"的角色游戏中，用 17 件非专门化玩具代替出了 278 种东西，而用 7 件专门化玩具，只替代出了 63 种东西。这一调查结果表明：非专门化玩具之所以有这么大的作用，是因为非专门化玩具的功能、形状可以不受限制，孩子在游戏中可以随心所欲地设计和想象。非专门化玩具还可大大刺激孩子的创造热情，使孩子根据自己本身的兴趣来支配这些玩具以扩充游戏的情节，满足他们的探索欲望。所以孩子们对非专门化玩具特别喜欢。有时当孩子发现家长扔掉了他们收集的石子、瓶盖、废盒子、小袋子等东西时，他们会放声大哭，伤心不已。

因此，家长为孩子提供玩具时，应该把选购精巧的商品玩具和提供非专门化玩具结合起来。

著名教育家乌申斯基说："儿童们总是眷恋着自己的玩具，他们温存地和热烈地爱护着玩具，他们不是喜爱玩具的美丽，而是喜爱为他们所迷恋着的想象的图景。"他认为对于孩子们来说，"最好的玩具是那些他们能够随意地用各种方式加以变更的玩具"。这是家长们为孩子提供玩具的一条最基本原则。

三、选择不恰当带来的不良后果

1. 损伤孩子机体。

市面上有些这样的玩具：能打出子弹的玩具，打水枪、火药类玩具，颜色易褪和颜色浓度过饱和的玩具，制作粗糙且含锐角毛边的玩具，含铅含汞的材料的玩具，一些小小饰物和小部件易脱落的玩具等等，家长在选择时应特别慎重。那些打水、射子弹（硬物）、喷火药的玩具，孩子在玩时有可能打着旁人的眼睛等要害处，也有可能在打出之后又反弹回来伤着自己。火药是由硝酸钾、硫和木炭混合制作而成的，或由硝酸纤维素和硝化甘油为主要原料制作而成，孩子好奇心强，有时他会捣烂火药，探个究竟，稍有不慎，就会误入口中或污染食品，造成中毒。玩具上褪下的颜色也易污染食物，玩具上浓度过饱和的颜色会刺伤孩子的视觉机能等。玩具选择不当会出现安全、卫生方面的问题。当然，可能存在此类问题的玩具毕竟是少数的，只要家长适当留心都是可以避免的。

2. 导致孩子恐惧心理。

学龄前孩子把什么事情都会认为是真的，假的也是真的。玩具中凶恶的、狰狞的、怪诞的形象都会引发孩子的恐惧情绪，深深地印在脑海中，产生持久的影响，以致影响心理健康。特别是 2 岁前的孩子，都有种恐惧迁移现象，某件玩具使他产生恐惧情绪，他会把这种恐惧情绪迁移到这一类玩具上面去。例如：2 岁的蓉蓉在玩一个机动绿色跳蛙时，不小心使跳蛙坠地，她刚刚拾起，跳蛙的上盖与下壳突然分离打着了孩子的手。从这以后，蓉蓉只要看见绿色的小玩具就害怕。

因此，家长在为孩子选择玩具时，一定要避免玩具中可能让孩子产生恐惧心理的成分。至于那些鬼头面具，发声古怪的玩具，造型凶狠的形象玩具，以及现在流行的写妖魔鬼怪的小人书等都不宜购买。

3. 玩具的数量对孩子的影响。

　　家长为孩子选购过多或过少的玩具也会对孩子身心发展造成影响。

　　选购过多的玩具会产生的不良后果：喜新厌旧，始终与玩具建立不了感情，从而导致社会化行为差、学习兴趣不稳定、收拾玩具的习惯差、不爱动脑筋、游戏活动极难深入、摔打玩具、性格暴躁……这是因为孩子承受不了过多的玩具刺激，即刺激超载而导致的偏异行为。

　　选购的玩具过少会产生的不良后果：孩子缺少动手玩的条件，因而动手能力差、思维不活跃、语言寡少无趣，很少有创造性行为发生，在日常生活中常常显得无所事事。或者强抢同伴的玩具、打人或因为喜欢而有意拿走别人的玩具……

4. 造成资金浪费。

家长选购回的不恰当的玩具要么是孩子的经验和智能达不到能够使用这一玩具的水平，叫孩子玩不了；要么孩子认为这玩具太简单，玩起来没意思，不想玩，或者胡乱"拆烂损坏"；或者选购了低质量易坏的玩具，没玩几次就坏了；或者选回了可以玩，但对孩子身心发展不利，如颜色刺眼的玩具，形象怪诞的玩具等，起不到玩具应有的作用，又造成了资金浪费，特别是那些高档玩具，孩子不会使用，或者家长担心孩子弄坏而收藏起来，同样也是一种最不合算的浪费。

四、各年龄段的玩具

不同的玩具在孩子的发展中起着不同的作用，有的是培养孩子敏捷的动作的，有的是锻炼孩子的记忆能力的，有的是发展孩子丰富想象力和创造力的，有的是发展语言的，有的是增进知识经验的，有的是培养良好的品德的，有的又是激起愉悦情绪的等等。总之，合适的玩具通过游戏，都能对孩子体、智、德、美、劳的发展起着各种不同的促进作用。

家长在选择玩具的过程中，除要求具有可玩性、耐玩性、安全性、教育性之外，还必须具有科学性和娱乐性。但是，上述特点都具备的玩具并不一定就是孩子喜欢的好玩具。要成为好玩具，还必须使玩具符合孩子的身心发展特点。

不同年龄的孩子具有不同的发展特点。他们需要的是具有不同特色的玩具。为了使选购的玩具充分发挥它应有的效力，为了避免发生不良的后果，家长们必须为各年龄段的孩子选购合适的玩具。

下面，我们通过对孩子不同年龄期间动作发展特点的简单分析，参照英国著名玩具设计师奥德里·斯蒂芬森的具体设计，找出几组各年龄段孩子的适合玩具，献给广大的家长，希望它们能给您家庭玩具的选购带来帮助。

1.0～1 岁的孩子。

1 岁以内的孩子主要是从别人的逗引中，通过自身对实物、玩具进行探索的过程发展动作和感知觉，并从中体验愉悦，获得快感。

周岁内的孩子辨别颜色的能力较差，动作协调性也差。但他们逐渐产生了五指分化的抓握能力，抓、捏、摸、爬、走的动作水平也有了一定的发展。颜色鲜艳、形状单一、体积大小适宜、能发出声音、能抓住摇晃、能摆动、能滚动、能敲打、能满屋子跑的、形象温和可爱的、手感柔和温暖的玩具是适合于周岁内的孩子游戏的玩具。

适合他们的玩具主要有：发展视觉听觉的彩色大气球、电动汽车、孩子摇篮上的串铃、能迎风转动的玩具如塑料娃娃、飘动的彩旗等，还有小妹敲琴、小熊打鼓等电动玩具、机动塑料音乐宝塔、摇铃、手铃、四头铃、柔软的毛绒娃娃、可捏响的小猫、小狗等，不倒翁、大皮球、小推车、大瓦楞纸箱或盒（钻、爬用）、大粒玻璃空心珠、转椅和摇船（家长可带孩子到儿童乐园去玩耍、游戏）。

2.1～3 岁的孩子。

此期的孩子已能通过玩具反映周围所熟悉的现实生活内容。他们的想象能力、创造水平都有了明显的发展，思维水平已经开始从直觉行动思维向具体形象思维发展，动作的灵活性、协调性开始发展了，而且精细的动作也开始出现。他们的游戏中，非专门化玩具已逐步开始占据地位。他们喜欢那些与生活中实物的形象、大小等特点相似的主题形象玩具，喜欢那些具有活动性的但他自身又能积极参与活动的机动、电动、遥控玩具，那些能够变化又是结构在一起的玩具更受他们青睐，如变形金刚等等。但家长们不要期望 2 岁的孩子与别人一起玩玩具，这要等到 3 岁以后。

适合他们的玩具主要有：毛绒或塑料娃娃、各色木质空心珠（直径约 1.5～2 公分或用粗一些的各色空心塑料管剪成 1～15 厘米长的小段替代本珠便于穿串）、积砖、手推式飞马和手推式小兔等动物、肥皂水和泡泡、镜子和反射出的阳光、风车、皮球、乒乓球、彩色气球、电话、大小相套的玩具、猴子爬竿、电动玩具、动物头饰、触摸式小汽车、塑料水果、可发声的塑料动物。

滑梯、荡船、转椅、拱桥、攀登架、形象玩具大象、比大象小一点的猴子、比猴子小一点的兔子（兔玩具不能大于猴玩具、猴不能大于象，这是与实物大小相符的，否则，孩子易混淆认知）等。

积木、拼图卡片、琴、打击乐器（如摇铃、三角铁、铃鼓等。可让孩子打击出声，从而辨别音色）、数卡、树叶、瓶盖、变形金刚、游戏泥、沙、石、水、简单的情节挂图，玩具炊事工具、餐具、茶具，如碗、勺、筷、炉子、杯子、铲子、盘等，娃娃家所需的玩具，如小被子、小枕头、桌椅、小书包、小床等。还有布老虎、碎布拼成的彩球、草编的小筐、小篮等民间玩具。

3.3～4 岁的孩子。

此期的孩子仍然常常借助于玩具来实现游戏活动。但由于孩子语言（口头言语、手势、面部表情、身段言语）能力发展了，想象力丰富了，因而游戏中，玩具的替代物使用较广泛。他们的基本动作如走、跑、跳、爬、钻比较协调了，注意力集中时间较长，操作水平提高了，好奇心强、求成欲旺盛，所以给他们选择的玩具要能更多地满足他们智力、体力发展的需要。此期也是角色游戏发展最旺盛时期。因而游戏材料要丰富一些，形象玩具也要丰富且结构复杂一些。这些能帮助他们更真更快地进入角色，玩好游戏，达到发展智力的目的。玩具的活动性在整个游戏的活动中一定要小于孩子的活动性，即孩子的活动性约为总体的90％，玩具的活动性为10％，便于孩子的主动性、创造能力、想象在游戏中充分地发挥和发展。

适合于他们的玩具主要有：

①主题形象玩具。布娃娃、塑料娃娃、积木娃娃、毛绒娃娃以及

与娃娃配套的各种服装；各类动物玩具，如虎、狮、兔、猫、猪、鸡、鸭、鹅等家禽、家畜、野兽；各类玩具交通工具如汽车、摩托车、自行车（可以自制）、轮船、火车、飞机（机动的最好）；各类炊事工具、餐具、茶具，除1～3岁的炊事工具外，还应有假菜刀、锯子和炊事服装如白帽、白大褂（将父母的旧白衬衣袖子剪短即成）；办娃娃家的家具、日用品；玩医院时用的玩具听诊器、药棉、药瓶、白帽子、白大褂、体温表与注射器（可用替代物）；玩理发店时用的电推子（积木、硬纸都可替代）、梳子、剪子（玩具塑料剪刀或假剪刀）、纸玩偶。

②结构材料玩具。游戏泥、橡皮泥、中小型积木、胶粒积塑、可拼摆成一定结构的积塑片、沙、泥、水及辅助材料、铲、盆、桶、模子、沙箱、沙盘、彩色笔、纸、放置材料的箱或盒。

③智力玩具。奇妙的口袋（认识比较各类物体的颜色、形状、大小、特征、用途）、各类拼摆图和卡片（可以是数字，可以是树木花朵、天空小河、汽车、飞机），每次游戏时最好选用5～8张；供孩子开展认识周围生活环境的游戏时用的一些日常生活用品以及玩具家畜、家禽、野兽、鱼类、纸张、彩笔（折叠纸类玩具）、响葫芦（空饮料塑料瓶中装入沙子、石子、豆子等，盖上瓶盖并封牢即成）、电子游戏机。

④体育玩具。串珠、三轮童车、滑梯、转椅、荡船、攀登架、拱形山洞、中号皮球、板羽球、沙袋、风筝、无线气球（用于吹球比赛）、海棉垫（做垫上游戏时用）、铃、棍棒、花环、各种头饰。

⑤音乐玩具。各类打击乐器（如铃鼓、碰铃、响板、双响筒、沙锤），琴类如电子琴、小钢琴、小木琴、小手风琴。3～4岁的孩子在玩这些音乐玩具时要求他们学习 $\frac{2}{4}$、$\frac{3}{4}$、$\frac{4}{4}$ 节拍的打击方法，以及能为节奏明快的歌曲伴奏（如歌曲《小草》，孩子和家长边唱边用乐器，每一

小节打击四次或二次或一次来伴奏）。

⑥娱乐玩具与民间玩具。钓鱼竿、拉猫、面人、竹叶虫、没鼻子的熊猫（游戏者游戏时将鼻子再画上去或贴上去）、电动机器人、电动猫等，各种头饰。

4.4～5岁的孩子。

孩子在4～5岁时与人交往的范围逐步扩大了，因此在他们的游戏中反映人们的社会生活的内容较多。所以，他们更喜欢扮成人，喜欢把成人劳动的原材料当成玩具来使用。为满足他们扮演角色和准确地反映现实生活的需要，充足的非专门化玩具是必不可少的。同时由于他们活动量的增加，体育玩具也应复杂。此时孩子的想象力、创造欲望和独立自主的能力开始迅速发展，因此家长应提供给他们需要精细的动作才能整齐、匀称地构造的玩具，需要多次设计和多次观察才能解决问题的玩具。

适合4～5岁孩子玩的玩具有：

①主题形象玩具。各种形象的、不同大小的布质、塑料娃娃（如爷爷、孩子、爸爸、少数民族人物），各种形象的纸玩偶（供表演游戏时用），各类机动玩具动物，各种玩具鱼类和昆虫等；还有各种汽车、卡车、小轿车；玩具照相机；炊事工具、茶具、餐具、各种日常实物用品如真正的碗、筷子、梳子、杯子、菜叶、豆子等；孩子自己动手制作的娃娃家用品，如纸床、已装饰的纸被子、火柴盒录音机，纸质、布质（用浆糊粘牢）的娃娃衣服；玩军事游戏时用的枪、军帽、假手榴弹、军舰、直升机以及可以飞到空中去的实物飞机模型、潜水艇；开办医院时用的各种玩具医疗器械和处方单（自制的）；开办集贸自由市场时用的秤、各种小物件（如扣子、画片、真假糖果、各种假点心）、各种服装（纸叠的、布粘的、笔画的、手撕的、剪刀铰的）；各种理发工具如烫发卷、梳子、夹子、镜子、自制的电推子、假剪刀和假电吹风、脸盆、毛巾、肥皂。

②结构材料玩具。各种积木、中小型胶粒积塑、七色拼摆积塑片、七巧板（可买也可以自制）；机械金属敲击积木、锤子、钉子、螺丝、沙、泥、水、石子、玩具小桶、小铲、实物模子、盆子、沙盘、沙箱（纸盒做的、将盒底用纸糊牢便可）、小树、花朵以及小鸟（可用彩笔在硬纸上画好、上色后剪下即成）、纸张、彩笔、浆糊、抹布、布头等，放置材料的箱或盒。

③智力玩具。各种较零散的拼图（可玩拼图接龙游戏），卡片、镶嵌图（可按自己的意愿镶嵌出各种形象、图案的散图）、正误图（孩子可从找正误中发展逻辑思维能力）、可编结和翻动出各种形象、图案的线绳；简单的棋类（家长和孩子自制的功能简单的棋，如第二章中的奔向月球棋）；30以内的数字牌（54张数卡都是30以内的数字，按大小论输赢）；各种动物和数字配对卡、磁铁、剪贴本（把孩子剪好的或收集的精美的树叶画片类贴在纸上，装订成本）；电子游戏机。

④体育玩具。投物盒、沙袋、拉力器（可以买也可用宽橡皮筋布头缝制）、皮球（足球大小）、足球、板羽球、毽子、风筝、头饰、陀螺、秋千、攀登架、荡船、小型山洞、纸 枪、旧轮胎滚环。

⑤音乐玩具。铃鼓、双响筒、蛙鸣筒、响板、沙锤、子鼓、碰铃等打击乐器，要求4~5岁的孩子能用打击乐器，打击出各种音符的不同时值，组成的综合节奏。如：××│×·×│×× ×│× ××│××× ×│× — ‖；琴类，要求孩子能在琴键上随意弹奏或弹奏出上行、下行音阶1234567i，i7654321。

⑥娱乐玩具与民间玩具。贴五官的脸谱、钓鱼竿和鱼、手绢老鼠、各种头饰等。

5.5~6岁的孩子。

此期间孩子的动作已经能运用自如，他们对精细的，较复杂的，规则性强的游戏特感兴趣，因此他们喜欢的是自己能够加以变更的玩具或材料，他们的想象丰富，有一定的创造能力，因此他们喜欢自制玩具来充分运用自己的想象和创造力。他们的思维水平已逐步从具体形象思维向抽象逻辑思维水平发展，但是，具体的玩具、材料仍是他们游戏的基础。家长们应该多给他们提供玩具和游戏材料，在游戏中多引导他们使用替代物，多使用他们自己制造的玩具，接着他们做收集玩具材料的有心人。

适合5～6岁孩子的玩具材料有：

①主题形象玩具。娃娃（用各种玩具和材料替代，如积木当娃娃、用旧袜子做的娃娃、钢笔代替娃娃、衣服代替娃娃），娃娃服装自制，也可是成人的旧衣服、旧帽子、旧眼镜、旧鞋子；娃娃的用具，孩子自己从材料中挑选，如旧锅子、牙刷、杯子、娃娃房子（废纸盒做成的），真的、假的均可使用。玩具飞禽走兽和鱼鸟飞虫；各类可以拆、装的汽车、火车、轮船、飞机、轿车；玩各种主题游戏用的炊事工具、医院设施与器械、照相器材、茶点用具、商店用品、理发用品、木工工具（真的锤子、螺丝、小锯子、起子、扳手）。

②结构材料玩具。自制的积砖（用中等大小的坚固纸盒制作，把不坚固的纸盒装到坚固的纸盒中，然后用透明胶布粘牢所有开口处）；用旧杂志、年历画上的典型图画（如汽车、动物、房子等）制作而成的拼合板以及与4～5岁孩子一样玩的积木、积塑、沙石、泥、水、沙盘、沙箱、实物模子、铲子、水桶、塑料盆、游戏泥、橡皮泥、装玩具的材料箱或盒。

③智力玩具。磁铁、放大镜、缩小镜、强手（玩骰子游戏用）、扑克牌、拼音牌、数卡牌（50以内的数字）、自制的画册（自己的图画、从其他废物上剪下来的图画等贴在图画纸上，装订成册）、象棋、跳棋、围棋、军棋、动物棋、魔靶、魔方、变形金刚、正误图、排序图、电子游戏机。

④体育玩具。纸标枪、风筝、二轮童车、爬绳、跳绳、攀登架、摆荡绳、小山洞、旧轮胎秋千、投物盒、拉力器、沙袋、陀螺、乒乓球、板羽球、毽子、铺地海绵垫。

⑤音乐玩具。铃鼓、双响筒、手鼓、碰铃等打击乐器，要求5～6岁的孩子能用打击乐器打击出由附点和休止等音符的不同时值组成的综合节奏，如 ×·× | ×　×　× | ×　× | ×× | ××× 　× | 0 · × ‖。琴类，要求能按自己的情绪弹奏出上行、下行音阶，或能演奏简单的儿童歌曲。

⑥娱乐玩具与民间玩具。与4～5岁孩子的玩具大致相同，要求可稍高一些，并能自制脸谱来游戏。

上面我们仅就学前儿童各个年龄阶段选择什么样的玩具作了简单介

绍。这并不意味着上小学、中学以后，孩子就不必要有自己喜爱的玩具了。既然小学生中学生也还有一定的游戏活动，当然他们也就需要根据自己的特点和需要选择适合自己游戏活动所需要的玩具。这方面请家长们自己去探索一下。在这里，我们就不作一一介绍了。

第二节　儿童玩具的制作

　　这里所说的玩具多是采用废旧材料、闲置物品，由家长、孩子或家长与孩子共同制作的玩具。制作玩具既丰富了孩子的家庭游戏生活，又通过动手、动脑，做做玩玩，培养了孩子的思维、想象、观察能力，是提高孩子智力的重要活动。制作玩具活动在孩子的身心发展过程中起着极大的推动作用。

一、制作玩具的好处

　　宋庆龄曾经指出："玩具是丰富儿童生活，激发儿童爱科学、爱劳动和对儿童进行共产主义教育最有效的工具之一。"

　　玩具是孩子认识世界的有效工具。在他们的游戏活动中，他们喜欢玩具，需要玩具。大约从 3 岁起，孩子便有了明显的制作玩具的愿望了。可有的家长认为：让孩子劳神费力干什么，花几个钱买几个玩具不就行了。殊不知家长和孩子一起制作一个玩具常常比买几个玩具玩对孩子的能力培养作用更大。

　　制作玩具可以说是一种艺术性创造活动。它能起到陶冶性情、丰富知识、发展智能、培养想象力和创造才能的作用。制作玩具包括两类：一类是孩子自己制作，一类是家长帮助孩子自己制作。

　　1. 制作玩具可培养孩子的探索精神。

　　一个有魅力的玩具，有时可以成为孩子走上科学道路的"启蒙师"。

世界上飞机的发明者莱特兄弟在《我们是怎样发明飞机的》一书中写道："我们对飞行最早发生兴趣是从儿童时代开始的。父亲给我们带回来一个玩具，用橡皮筋作动力，可使它飞入空中。我们照这个玩具仿制了几个，都能成功地飞起来……"就是这个玩具使得他们产生了强烈愿望，人类要飞上天空。就是这个愿望，使得他们发明了飞机，成了航空事业的鼻祖。

随着孩子年龄的增长，动作的发展，思维的进步，孩子希望自己动手制作并获得成功的意识也随之而增长。若在此时，家长们能利用一些自然物或废旧物品以及半成品材料帮助他们自己制作玩具，就可以满足孩子的求知欲望，培养和发展他们的探索精神和创造乐趣，促进孩子的成长。

2. 促进孩子手、脑等协调一致的发展。

孩子出生后，感觉、知觉发展较快，但他的动作相对来说发展较慢，反应不灵敏，手眼等活动难以协调一致。家长们常常可以看到这样的现象，1岁以内的孩子眼睛看着玩具，手和脚以及全身乱抓，可就是抓不准。一个3岁的孩子在折纸飞机时，总是折得不规则，就连孩子自己也感到不满意。3岁多的孩子在玩贴画游戏时同样不能准确地把一张图片贴在背景上相应的地方。为什么它们不协调？因为孩子的大脑皮层正处于发展阶段，皮层对孩子动作的调节作用差，所以手、脑不协调。苏联心理学家列昂杰夫认为："儿童的任何认识都是从动作开始的。"只有动作发展了，才能扩大他们的认识能力，才能促进他们的思维发展。因此，在孩子还不会制作时，家长可帮他制作，提高他的制作兴趣，家长还可剪一些动物、花草等图案请孩子贴在彩纸上。当孩子自己会制作时，他的动作和脑的协调活动已经发展了，这时他会制作一些漂亮的、精美的玩具来。在制作过程中，孩子通过手、眼、脑的并用，既锻炼了手的灵巧性，又锻炼了脑的灵活性，促进了孩子手、脑协调一致的发展。

例如西西想制作一架火箭，可他总是剪不好，后来妈妈教他先剪面条、剪饼干、剪房子等，通过多次的练习他不但可以剪好一架火箭，还可以根据自己的想象随意剪贴。在全省娃娃手工比赛中，他剪贴出的"神奇的宇宙"获一等奖，被评为心灵手巧的儿童。

3. 制作玩具可丰富孩子的游戏内容。

玩具是孩子游戏的物质基础，没有了玩具，游戏就很难开展起来。如开展角色游戏要用布娃娃和杯子、碗、床、炉等玩具，要开展体育游戏需要球、绳及户外大型玩具等。当孩子的游戏由于玩具的限制时，游戏的主题就玩得不深，游戏的情节单调，也很少出现游戏高潮。若家长在孩子游戏之时突然提醒他可增加一个什么玩具时，孩子的游戏活动会立即活跃起来，游戏的内容也就丰富了起来，孩子游戏的时间也因玩具的增加而延长了。

如孩子在玩娃娃家时，总是给娃娃喂饭、洗脸、梳头、唱歌给娃娃听等游戏内容。当家长帮助孩子用两根塑料管和瓶盖制作了听诊器和注射器后，孩子在后来的玩法中除从前的游戏活动之外，又增加了给娃娃看病、打针、吃药等游戏内容。孩子拿着听诊器给娃娃看病时说："你的肚子里长了小虫，以后你要讲卫生，吃苹果时要先洗手，回家吃药时要乖……"孩子在给娃娃打针时边打边说："医生轻轻打针，一点也不痛……"他把医生打针时的过程、神态表演得真真切切。这一玩具不但丰富了游戏内容，而且深化了游戏主题，提高了孩子的游戏水平。

另外，自己制作而成的玩具，还可以随着游戏情节的变化需要而随时改变。如用硬板纸制作的拼图，在智力游戏中它可以拼成美的图画，在角色游戏中它可以是娃娃家的装饰物。总之，孩子可凭借自己天真活泼的创造精神和想象去游戏，去丰富游戏的内容。

4. 制作玩具可培养孩子初步的感受美、鉴赏美、创造美的能力。

审美能力的培养，是培养孩子全面发展的内容之一。制作玩具是一种审美活动，通过制作玩具，孩子的审美能力可以得到初步的发展。

在制作玩具之前，家长们必须帮助孩子用多种感官去感受现实生活中各种物体的美。孩子通过观察、欣赏形成对事物的美感。在制作时，孩子头脑中有关的形体就会再现在眼前，但孩子并不只限于模仿实物，他是通过自己的思维、想象，按照自己的审美理想对实物进行改造、加工，最终形成他自己认为是最新最美的形象。如在制作小白兔头饰时，他画出的小白兔是红红的眼睛，雪白的毛，花花的领结，微笑着的嘴。由此，反映了孩子既认识到了自然界动物的美，又创造出了比实际动物更美的玩具小兔。在这个制作过程中孩子的审美能力得到了充分的发挥与发展。

孩子制作玩具的过程不仅是一种劳动过程，也是一种美的创造过程。在这一创造美的过程中，他们积累了经验，丰富了对自然界美的事物的感性认识，也懂得了什么是美，如何去创造美。懂得了创造美的艰辛和喜悦。任何一件制成的玩具都是他们经过心灵加工而形成的艺术结晶，它是他们再创造的起点，能激发他们创造美的热情，促进他们审美能力的提高。

5. 制作玩具能培养他们认真仔细的学习习惯和勤俭节约的好习惯。

通常制作玩具的主材料都是自然材料、边角下料、废旧物品等无毒物品，如落叶、废鞋盒、火柴盒、眼药瓶、布头、包装绳、果壳、塑料袋、酸奶杯、饮料瓶、汽水瓶盖等。利用这些物品可以制作出精美的玩具，给孩子的游戏带来无限的欢乐，在变废为宝的过程中孩子也体验到了创作的欢乐。这种欢乐无形之中会给孩子一个启示：这些物品可以制成"宝贝"（在孩子的心目中，它们都是非常珍贵的"宝贝"）。日常生活中他会逐渐学会收集废旧物品，什么边角下料他都会加以收集，为他的制作准备原料。在这一过程中培养了孩子爱惜材料、爱整洁、爱惜劳动成果的好习惯，养成勤俭节约的好习惯。

制作一个好玩具不是一件容易的事情，这需要作者开动脑筋想办法。在制作材料短缺的情况下，孩子要克服困难保持制作兴趣，积极寻找解决问题的办法。在制作过程中要使玩具好玩，即使在手眼不够协调情况下，孩子也必须一剪一刀、一笔一画慢慢地制作。粗心大意做出的玩具会不好玩或不经玩。为了好玩，孩子们必须认真仔细地制作。久而久之，孩子就形成了办事认真、仔细的习惯。这种习惯将为他今后的学习、生活奠定良好的基础。

6. 家长与孩子共同制作玩具可以增进感情，活跃家庭气氛。

家长和孩子共同制作玩具过程中融进了家长对孩子的爱。孩子在制作中若有了家长的参与和帮助，就会体验到父母的关心、爱护和帮助，同时还会增加孩子的制作兴趣和制作成功的信心。当孩子从不会制作到能制作。当孩子制作的第一件玩具问世后，带给孩子的是成功的喜悦，带给家长的是培养孩子成长的骄傲，带给家庭的是欢悦和雀跃，使各个家庭成员沉浸在活跃的家庭氛围之中，增进了父母对孩子的感情，也增进了孩子对父母的敬爱，使孩子在爱的氛围中愉快地成长。

二、制作材料的选择与制作实例

（一）选择

英国玩具设计师奥德里·斯蒂芬森认为："任何东西，虽不重要，而一小孩用它来玩的都是玩具。"就制作玩具的材料而言也可以这样说：任何东西，虽不重要，只要适合于制作玩具，都可以作为玩具的制作材料。这里我们强调的是，制作的材料必须适宜。要适宜，就必须选择。有害的材料，不能用于玩具制作；材料单一，也不利于玩具制作。"任何东西"中什么样的材料符合选择标准呢？具体来说，应注意如下几点：

1. 选择的材料必须是安全的。

首先材料必须无毒卫生。制作材料的来源非常广泛，但有些材料含有有害物质，有些本来无毒但它被环境污染了。这类材料就不能用来制作玩具。像破损的温度计、用废了的灭蚊喷雾器、用完了的灭害灵药剂容器、只能外搽不能内服药的空药瓶等材料是有毒的，不能选用。树叶、冰棒棍、石子、药瓶等材料须经过清洗或消毒后才能使用。对孩子收集的自然物品、废旧材料一定要经过家长的检查才能用来制作。

其次，选择的材料以不易损伤孩子的肌肤为宜。尖锐、锋利的材料要经过家长的处理之后才能给孩子使用。像金属罐、铁丝、铁皮、易碎的玻璃瓶等材料可先加工成半成品再给孩子使用。用它们制作的玩具也必须是安全的。

2. 材料丰富多样。

选择的材料必须有益于丰富孩子的感知，引发孩子的想象，有利于他们构思，适宜于孩子看、听、触摸、抓握、摆弄，能刺激他们的各种感官，发展他们的感知觉。制作的材料必须具备多种特质，即软硬、轻重、光滑、粗糙、能发声、颜色多样、形状各异、品类多样，才能适合于制作各种玩具，培养孩子的折、粘、卷、剪、拼等方面的能力，促进他们手、脑同步发展。

3. 选择材料时还应本着勤俭节约的原则，多利用自然界丰富的自然物品、人们生活中的废旧的材料和闲置物品，以培养孩子养成勤俭节约的习惯。

（二）适宜的材料及制作实例

为了帮助家长了解和制作玩具，下面我们介绍一些用废旧材料、闲置物品、自然物品和半成品制作玩具的方法，供家长和孩子们制作时参考使用。

1. 用废旧物品制作玩具。

可用来制作玩具的有：过时的贺年卡、糖纸、花布头、废纸盒、旧皮球、旧塑料瓶、丝瓜瓤、空饮料罐、木头、废铝片、废有机玻璃、塑料布、旧挂历、废笔杆、塑料吸管、旧图书、废瓶盖、线绳、碎海绵、蛋壳、药丸盒、瓜子壳、玻璃糖纸、烟盒、厕纸心等。

例一　空瓶舞蝶（图四）

作用：培养孩子手、眼协调能力，锻炼动手制作能力。可用它开展娱乐性游戏，提高游戏兴趣。

材料：稍大的软塑料瓶一个、铁丝一根、彩笔、白纸、剪刀一把、细线一根、铁钉一颗。

制作方法：用铁钉在软塑料瓶盖上钻眼，将铁丝的一端弯成一个小圈，另一端如图扎在瓶口上。用彩笔在对折白纸的一面画出一只蝴

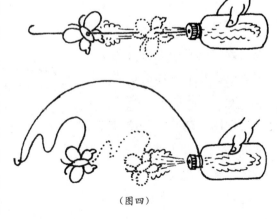

（图四）

蝶，然后剪下蝴蝶，在对折的另一面也画上同样的蝴蝶花纹，然后用浆糊把二只蝴蝶与线的一端粘在一起，线的另一端系在铁丝圈上，使蝴蝶垂向气孔。用手捏瓶，使瓶内的气流冲击蝴蝶，蝴蝶便跳起舞来。

例二　图形拼板（图五）

帮助孩子认识颜色、形状，锻炼孩子用有限的图形拼摆出各种物体的操作能力，从而培养发散型结构思维能力。可玩智力游戏。

材料：硬板纸、彩纸或各色布头、浆糊、剪刀、铅笔、米尺。

制作方法：用铅笔和米尺在硬板纸上画出各种形状、大小的几何形体若干个，用剪刀剪下，然后将布头或彩纸粘在剪下的图形上，再将边剪齐即成。

（图五）

拼摆时，孩子可按自己的想象，结构物体，也可练习分类、数数，同时还能丰富孩子对颜色、几何形体的认识。

例三　投物盒（图六）

作用：初步学习装饰物体和锻炼孩子准确投掷的能力。可玩体育游戏。

材料：约 15 厘米见方的

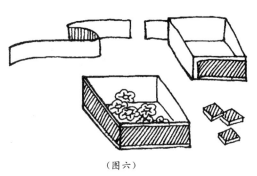

（图六）

纸盒子。线轴、沙袋、积木块等投掷物，白纸条和彩笔、浆糊。

制作过程：去掉盒子的上盖，将盒子的底部用纸粘牢，在白纸条上画出自己喜爱的物体或花、草、动物，然后将彩条贴在纸盒四周即成。

玩时可在离投物盒 2 米远的距离（依孩子的能力而定）处，将线轴、沙袋、积木等准确地投入盒中。

例四　蛋壳玩具（图七）

作用：训练孩子绘画各种脸谱的技巧。可玩角色游戏。

材料：完好的蛋壳几个，彩笔数支、彩色纸少许、浆糊。

制作方法：

①用缝被针在蛋的一头扎眼，使蛋黄、蛋清流出来，清洗蛋壳并将蛋壳置入较浓的肥皂水中浸泡几分钟，取出蛋壳倒掉壳内的肥皂水。

②待蛋壳干后用彩笔在上面绘画各种人物、动物脸谱，如奶奶、爷爷、娃娃、小兔、小猫等。

③用彩纸或游戏泥（橡皮泥）做出小兔的耳朵、爷爷的帽子、奶奶的围巾等附加物，

（图七）

用浆糊粘在蛋壳上。游戏泥可直接安在蛋壳上。在粘耳朵时，一只动物要用彩纸画 4 只耳朵，2 只合为一只，往蛋壳上粘的一头略为分开，分别粘在蛋壳上，使耳朵能竖起来。

例五　魔筒（图八）

作用：训练孩子熟练的计算能力和手、脑并用的能力。可开展智力游戏。

材料：易拉罐、旧挂历、透明胶带、植绒纸、剪刀、浆糊、米少许。

制作方法：

①在旧挂历纸上如图八画出 9 条平行线，再用植绒纸剪出数字、加减等符号，分别贴在 9 条平行线纸条上。

②用透明胶带罩在纸条上，并按平行线剪成 9 张细纸条，将每张细纸条都粘成一个圈，套在装有少许米粒的易拉罐上。

③易拉罐的开口端可用一挂历纸剪成纸花（毽子形）贴在上面。转动数字纸条就可以开展计算游戏了。

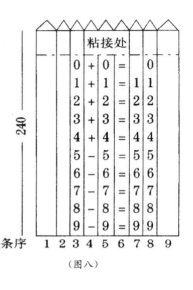

				粘接处				
0	+	0	=			0		
1	+	1	=		1		1	
2	+	2	=		2		2	
3	+	3	=		3		3	
4	+	4	=		4		4	
5	−	5	=		5		5	
6	−	6	=		6		6	
7	−	7	=		7		7	
8	−	8	=		8		8	
9	−	9	=		9		9	

240

条序　1 2 3 4 5 6 7 8 9

（图八）

例六　毽球（图九）

作用：锻炼孩子使用剪刀均匀剪出纸条的能力，训练踢、跳等基本动作。可开展体育游戏。

材料：边角彩色蜡光纸或废塑料袋、铁垫圈、布头绳子、细线、剪刀、废鸡毛掸、沙等。

方法 1：

①如图九将边角蜡光纸或废塑料袋剪成宽度均匀的细纸条。再将绳子的一端放在蜡光纸上和未剪开的一端共同卷成卷，使上端的纸条散开来。

②用布头将沙和纸条的卷端用线扎在一起，扎时尽量使被卷端插入沙中，扎紧即成。

方法 2：

从废鸡毛掸上挑选稍好的长一些的鸡毛，束在一起用线扎牢，然后用布头将鸡毛杆的一端和铁垫圈扎在一起即成。

(图九)

玩法：游戏者可手拿着绳的一端使毽球悬在面前，用脚踢毽球或吊在另一绳上用塑料板或稍厚一些的书将球往上拨动，也可不用绳，让孩子随意玩。

例七　袜子娃娃（图十）

作用：通过剪、缝、锻炼孩子手部的小肌肉群，使手的动作更灵活。可开展音乐游戏或角色游戏。

材料：旧儿童袜子1只、丝带、棉花、针线、黑扣子。

制作方法：

①如图十剪下袜头，在袜尖内填充棉花做娃娃的双手。将袜背下端

（图十）

的中间剪掉一点，再将开口缝合填充棉花，使之成为娃娃的双脚。

　　②将两颗黑扣子缝在袜跟上作娃娃的眼睛，同时分别缝出鼻子、嘴巴，将棉花填满袜跟，用丝带在袜跟处和袜筒处扎出娃娃头，并在袜跟与袜背连接处系成蝴蝶结。

　　③用丝带将花布头包在娃娃脚上作娃娃的鞋子。最后将剩余的袜筒翻过来套在娃娃的头上当帽子即成。

　　④也可用成人袜子用同样的方法做民族娃娃。如：为娃娃用边角花布缝一条长裙子和小马夹穿在娃娃身上，并用鸡毛插在帽子中，就做成了一位维吾尔族女孩。也可用黑毛线为娃娃编几条辫子。

例八 小滚轮（图十一）

作用：培养孩子认真、仔细沿线剪图案的能力和动手能力。可开展娱乐游戏。

材料：空包装盒、软塑料管和稍细、稍短于管子的棒针各两根、剪刀、彩笔、白纸、大号铁钉一颗、圆柱形冰棒棍一根或其他圆柱形短棍。

制作方法：

①在包装盒上选择一处画出你所需要的图案外形，用铁钉在图形正中心钻一孔。

②将白纸贴在图形上，剪下多余的纸，并用彩笔在图形上画出自己喜欢的图案，然后将圆柱形冰棒棍插入孔中，使图形刚好固定在棍子中间，即成滚轮。

（图十一）

③玩时将棒针插入软塑料管（以免尖头扎伤孩子），让两根棒针的一端平行高搁，形成斜坡，使滚轮利用惯性由上而下急速滚下。滚轮可以是双滚轮，也可是单滚轮。

例九　垫圈手铃（图十二）

作用：制作手铃可作为家庭音乐游戏的玩具，用以训练孩子的节奏感。

材料：废铁垫圈 6 个、铁丝、小竹管 1 支。

制作方法：

①洗净、消毒旧垫圈

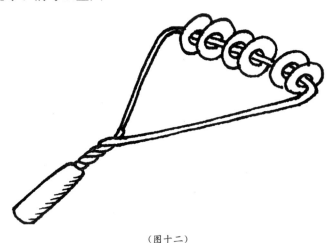

（图十二）

②用铁丝把垫圈串起来，然后再将铁丝两端拧在一起，牢牢地插入竹管内，即成。

例十　摇摇玩具（图十三）

作用：制作摇摇玩具可丰富"娃娃家"的游戏内容，培养孩子勤动手的好习惯。可玩创造性游戏。

材料：过时的贺年卡片 2 张、彩笔、白纸、浆糊、小刀。

制作方法：

（图十三）

①选好贺年卡：可打开的两面卡片一张，单面卡片一张。在双面卡上以连接的一边为底线画出一个半圆形，然后剪下，半圆形底边不要剪开。将单面卡对折后，在其中的一面上画出人物或动物，然后剪下。

②用白纸或彩笔按自己的喜好画出图案，以装饰半圆形。

③用小刀在半圆形底边的中间划开一条缝，将对贴的动物或人物插入，并将插入部分分别贴在里面的两边即成。

玩时用手推一下玩具，它便摇晃起来。

例十一　火柴盒组合家具（图十四）

作用：教会孩子自己用火柴盒结构各种不同形状的家具，培养探索精神与创造能力。可开展创造性游戏。

材料：空火柴盒数个、浆糊、火柴棍。

制作方法：运用拼合、粘贴的方法制作"家具"。如五屉柜、方桌、小椅、电视机、电冰箱等。

2.用闲置物品制作玩具。

可用来制作玩具的闲置物品有乒乓球、硬纸板、松紧带、螺母、竹筷、电线（粗的）、植绒纸、纽扣、磁铁、橡皮筋、玻璃珠、吹塑纸、钢丝、电珠、木块、水、沙、算珠等。

例十二 头饰（图十五）

作用：培养孩子自己动手为游戏增添玩具的习惯，提高孩子游戏的兴趣，丰富游戏内容。可开展规则性游戏或表演游戏。

（图十五）

材料：硬纸板、装钉机（或浆糊）、彩笔、剪刀、橡皮筋。

制作方法：

①按照家庭游戏的需要在硬纸板上用彩笔画出脸谱，或涂上广告色，再用剪刀沿边缘剪下。

②用硬纸板剪一条比游戏者头围稍长一些的纸带，用装钉机将纸带的两端分别钉在脸谱反面的左右（或用浆糊粘上）。也可以用和头围一样长的橡皮筋代替纸带。

将头饰戴在头上就可以开展游戏了。

例十三 轮船（图十六）

作用：通过制作玩具轮船，让孩子了解水的反作用力。可开展创造性游戏。

材料：小木板一块，聚苯泡沫塑料（也可是包装电器等商品的泡沫），红蜡光纸或红布头、铁罐头盒、线等。

制作方法：

用小木板做轮船的甲板，聚苯泡沫塑料做船舱，用红蜡光纸做红旗，然后将它们用白胶粘牢，用铁钉在铁罐头盒的最下端打下孔，然后粘在船的尾部甲板上，孔朝后。

玩时，把轮船放在大水盆中或小水池里，将水倒入罐头盒，水从孔内流出，流出的水的反作用力就会推动轮船向前航行。

例十四　秤（图十七）

作用：丰富角色游戏内容，教会孩子认识刻度单位。

材料：听装洗衣粉的瓶盖（或用过后的涂料罐盖子）、缝被子用的一样长的三根线绳、木杆一根、废小锁一把、小刀、彩笔、铁钉、剪刀。

制作过程：

①将瓶盖清洗、消毒。用铁钉将瓶盖的周围均匀地钻出三个孔，分别系上三根线绳，三根线绳的另一端拴在一起，然后系在木杆上。用小刀在木杆上刻出刻度标志线，用彩笔涂上颜色和依序写上数码。秤杆和

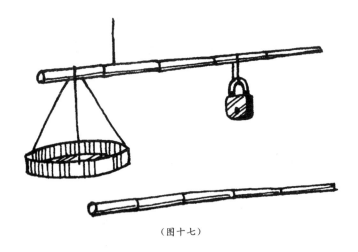

（图十七）

秤盘就做成了。

②用一根线绳将废小锁吊起来当作秤砣。

例十五　乒乓球玩具与吊饰（图十八）

作用：用小小的乒乓球可制成各种玩具，以培养孩子计数能力和认真、耐心的活动习惯。利用它可开展桌面游戏。

材料：乒乓球（好的、破的均可）数个、瓶盖一个、白胶、植绒纸、铁钉、绳等。

（图十八）

制作方法：

①用乒乓球做小鸡饰品：首先用铁钉将一个乒乓球钻两个对穿的孔，在另一个乒乓球上钻一个孔，用绳子和白胶把两个球稳固在一起，绳的另一端留作吊绳。其次，用红色植绒纸剪成小鸡的鸡冠，用黄色植绒纸剪成小鸡嘴和翅膀、尾巴，用黑色植绒纸剪成小鸡的眼睛，用白胶把它们粘在乒乓球的适当位置上，将它吊在游戏场地，作装饰之用。

②做桌面玩具熊猫：如吊饰一样将两个乒乓球连在一起，然后用植绒纸做五官，最后将一个瓶盖用白胶粘在熊猫的底部即成。

例十六　摇转（图十九）

作用：这是一件民间玩具，又叫"摇叫"，玩摇转可培养孩子手眼协调的能力。

材料：厚硬纸板、棉索子、剪刀、彩笔、白纸（或有眼的扣子和棉索子）。

制作方法：

方法1：将棉索两端分别穿过扣子的两个孔后系在一起，并将扣子挪到棉索的中央，然后两手拉着棉索甩一甩，拉一拉，扣子慢慢就转动

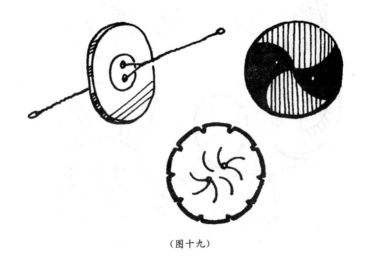

（图十九）

起来了，随着转动还会发出声响。

方法2：

①在厚硬纸板上画出一个圆形或花形，或其他形状，用铁钉在纸板中间钻两个孔。

②用白纸粘在圆形或花形的纸板上面后，随自己的意愿画出满意的图案，然后将线穿入系好即成。

例十七　玩偶（图二十）

作用：孩子可以在制作过程中边做边玩，既培养了动手制作能力，又丰富了游戏内容，提高了游戏兴趣。利用它可以开展手指游戏、表演游戏等各种游戏。

材料：白板纸、彩笔、浆糊、剪刀。

制作方法：

（图二十）

①在白板纸上按自己的意愿用彩笔画出脸谱，或涂上广告色，然后将脸谱剪下。

②用一段细纸条（细纸条的长度、宽度随游戏者的手指粗细、长短情况而定）粘皮纸环贴在脸谱后面。

游戏时，可直接将手指套入纸环玩，也可先将方巾或手绢的中心顶在手指头上，然后再套入纸环内，方巾便成了玩偶的服装了。

例十八　理发工具——电推子、剪刀（图二十一）

作用：为丰富角色游戏内容可制作各种理发工具，同时能培养孩子游戏动作的真实感，提高游戏水平。

材料：硬纸板、聚苯泡沫一块、螺丝、电线、彩笔、小锯等。

制作方法：

剪刀：用彩笔在硬纸板上按图二十一画出图案，涂色后再剪下，用一颗螺丝固定在孔的上下。

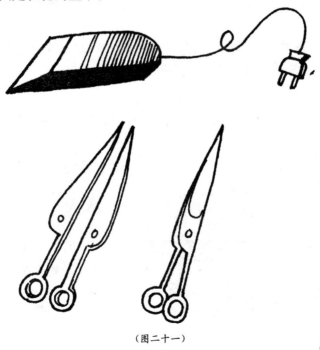

（图二十一）

电推子：①将一块聚苯泡沫塑料（10 厘米长、4 厘米宽、3 厘米高）用小锯锯成电推子形，涂上油彩。②然后用图钉将电推子尾端钻出一个小孔，接上电线，电线的另一端接在一块小聚苯泡沫（插头）尾端的小孔中，小泡沫上旋进两颗螺丝当插头的铜片。③在一块长方形的泡沫中间黏两个孔，替代插座。

3. 用自然物品制作玩具。

可以用来制作玩具的自然物品有：泥土、沙、石、水果类（苹果、梨子、李子等）、壳仁、蔬菜（马铃薯、萝卜、藕、辣椒等）、贝壳、玉米、树叶、花瓣、果实类（花生、瓜子、黄豆、蚕豆、梧桐果等）、鹅卵石等。

例十九　树叶、花瓣画（图二十二）

作用：通过选择树叶、花瓣造型，认识各种树叶（或花瓣）和与之对应的树木（或花卉），培养孩子的想象力和审美能力，可进行智力游戏。

材料：各种形状、颜色的树叶和花瓣、白胶（或一般的胶水、浆糊）、剪刀、各种边角色纸、图画纸或手绢等。

制作方法：

①将收集来的树叶、花瓣洗净、消毒后放在厚书本里夹平、夹干。

（图二十二）

②按孩子自己的想象在图画纸或手绢等背景物上将树叶、花瓣剪接拼摆出有趣的、美丽的图案，然后用白胶把它固定、粘牢。若需要眼睛、鼻子等五官或其他装饰物，还可用边角色纸剪成如图二十二中的小鸟、长颈鹿、猫咪、青蛙等。

另外，还可用花瓣和树叶组合成意境画，如妹妹跳舞、静静的夜、划船、太阳下的小河等。

例二十　萝卜玩具（图二十三）

作用：通过制作，熟悉各种萝卜的形状、颜色、功能。利用它们可开展创造性游戏。

材料：白萝卜、胡萝卜、红萝卜、细铝丝、各色蜡光纸、彩笔、白纸、小刀等。

制作方法：

（图二十三）

①选材。在制作前要选择一个适合于某类形象的萝卜。如要做一头猪，萝卜必须肥且短；要做火箭，萝卜必须根部细；要做小鸟，萝卜的根须略弯。总之要根据自己的需要取舍。

②制作小鸟。将选来的白萝卜洗净；如图二十三所示，用对折两次的蜡光纸剪出小鸟的一对翅膀，每两片加一根铝丝，对贴成一支翅膀，尾巴以同样的方法制作而成，小鸟的脚用铝丝将细棍子缠密便可；将翅膀、脚、尾巴上露出的铝丝端插入萝卜的适当位置即成小鸟。小鸟的眼睛和颈上的花纹用黑绒纸和红绒纸剪成后贴上。

例二十一　松塔小鸭（图二十四）

作用：松塔小鸭较形象、真切，通过制作可帮助孩子认识松塔的来源、颜色、外形和质地。

材料：松塔、白板纸、细铝丝、细棍、彩笔、剪刀等。

制作方法：

①将收集的松塔放在食品清洗剂中浸泡几分钟，然后用水冲净晾干。

②按图二十四将白板纸对折画出小鸭头形和翅膀，小鸭的头顶应画在折线处，使两个图形相连，然后剪下。

③用做白萝卜小鸟脚的方式制作小鸭的脚。最后将零散部件组合即成。

（图二十四）

利用松塔还可以制作仙鹤、小鸡、多层宝塔等。

例二十二　豌豆公主（图二十五）

作用："豌豆公主"为安徒生童话故事中的人物，制作豌豆公主后，孩子们可以手拿豌豆公主开展表演游戏，既进行了玩耍，又获得了知识。

材料：豌豆、大头针、色纸或边角鲜艳的尼龙丝布、牙签、游戏泥等。

制作方法：

①选材。选粒大饱满的豌豆，将陈豌豆放在水中浸泡使其发涨变大。

②剥去表皮，如豆瓣分开，则用胶水粘牢两瓣，再用小刀从中间横向截断豌豆，然后用彩笔在其中的一个半截豌豆上画出五官。

③用游戏泥捏一扁圆形体（以连接两个半截豌豆），用大头针分别将二截豌豆与游戏泥连成整个身体，然后将牙签插入身体的最下端

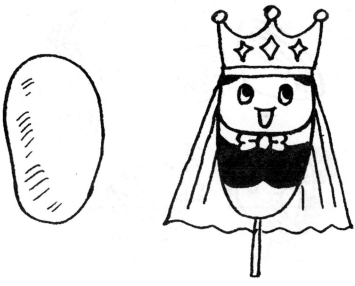

（图二十五）

当柄。

④将色纸或边角鲜艳的尼龙丝布簇成头纱和披纱，用大红绒纸做内裙。

⑤组装成形。见图二十五。

例二十三 贝壳玩具——热带鱼、鸡、乌龟（图二十六）

作用：认识贝壳的花色、名称、来源，并学会用贝壳拼出美丽中意的图案和各种漂亮的玩具，以培养孩子的审美能力。

材料：各种贝壳和彩色植绒纸、剪刀、白胶、吹塑纸等。

制作方法：

①将收集得来的贝壳清洗、消毒。

②选择一扁圆形贝壳用白胶粘在吹塑纸上，然后用铅笔添画成一条热带鱼形，剪下。再用植绒纸剪出眼睛和条状、块状等花纹贴在贝壳上，以装饰热带鱼。

③选择一长圆形贝壳，用上面同样的方法做出一只鸡。

（图二十六）

④选择一黑色长圆形贝壳，用上述同样方法制成一只乌龟。

⑤将已制成的热带鱼、乌龟、鸡、花草组合拼贴在背景纸（彩色植绒纸）上。如图二十六。

还可用贝壳制作螃蟹、仙鹤、吊饰、装饰画等。

例二十四　鹅卵石玩具（图二十七）

作用：通过制作，教会孩子根据石头已有的形状发挥想象创作形体，可培养孩子的想象力。利用鹅卵石玩具可开办展览厅等角色游戏。

材料：各种形状、各种颜色的鹅卵石，吹塑纸或瓷盘或塑料盘等。

制作方法：

①清洗、消毒鹅卵石。

②选择出自己所需形状的石头，用釉彩在上面画出图形，如和尚的五官、娃娃的五官、衣服、动物的皮毛与形状等。

（图二十七）

③待画好的图形完全干后，用清漆在整个石头上面刷一层，待清漆干后，再用白胶将做好的石头粘在吹塑纸或瓷盘，或塑料盘等背景物上组成完整的图案。

④当选用单个的石头制作一件玩具时，可以不需要背景物，直接拿在手上随意玩耍，当选用多个石头制作一幅意境图画时，可以先用釉彩在吹塑纸等背景物上画出背景，然后再将制成的石头主体物用白胶粘到背景物上去。背景物也可以是各种形状。如图二十七。

例二十五　马铃薯印章画（图二十八）

作用：学习用相同的几何形体拼出各种图案，可用马铃薯印章开展桌面游戏。

材料：大小不同的马铃薯数个、小刀一把、水彩、图画纸条。

制作方法：

①将马铃薯洗净，用小刀切制两半，切法各异，可以横着切，竖着切，也可以斜着切。

②用小刀在剖面上雕出各种形状，制成印章，花、草、几何图形

（图二十八）

172

均可。

③用印章蘸水彩颜料印在图画纸上去。用各种印章或一个印章组成不同的侧面。

例二十六　棉花玩具——长毛猫咪（图二十九）

作用：认识棉花柔软、色白、成纤维状等特征。

材料：药棉、浆糊、彩色毛线、吹塑纸、植绒纸等。

制作方法：

①用红色吹塑纸或植绒纸剪成椭圆形作背景物，用黑色植绒纸镶嵌红色背景物的边缘。

②用铅笔在背景物上轻轻勾勒出长毛猫的形象，在线条内涂上浆糊，然后用药棉往上粘。粘药棉时注意突出猫的五官，粘上去的药棉表面上看去应显蓬松，有立体感和飘逸的动感。

③用拆开梳散了的彩色毛线做猫的五官或用植绒纸剪出猫的五官，粘上去，猫的眼睛最好用闪光的有机玻璃扣子代替，并用针线钉牢。如图二十九。

（图二十九）

三、制作过程

在家庭里制作玩具时，制作者可以根据自己的能力特长，自行制作。下面是玩具的一般制作过程的概述，家长和孩子们在制作时可参考。

1. 构思。

制作玩具前的构思，就是设计玩具的制作方案，也就是做什么玩具，怎么制作的问题。只有确定了要做的玩具和制作的方案，才能保证制作目的的实现。

孩子自己制作玩具，构思过程应由孩子自己完成。若是家长帮助孩子制作，那么构思的任务必须经孩子和家长共同完成，不能以家长的构思来取代孩子的构思。那样将会使孩子的参与变成被动的制作，孩子的创造能力就得不到锻炼和提高。也不能一味听任孩子作不合实际的构思。如果孩子的想象和设计都比较合理，家长应予肯定并鼓励孩子实施自己的设计；如果构思不尽完善，家长应予修正；如果设计全不合理，则应指出其不成立的理由，并启发孩子合理构思。除此之处，家长的参与是必要的。因为创作过程中凡是有家长自始至终参加，对引导孩子构思，提高孩子的构思能力都是极有作用的。

在以家长为主的制作构思过程中，应帮助孩子自己制作那些他们需要的、能玩的玩具，家长不要制作孩子自己能动手制作的玩具，应把实践的机会留给孩子。制作的玩具应能让孩子用来开展游戏。

在孩子自己构思时，他必须运用丰富的客观现实事物的印象，才能构思新颖、独特和具有实用性。为了孩子能更好地构思，家长应经常带孩子到公园里、马路边，到大自然中去游历，去观察，去体验，让孩子获得丰富的、深刻的客观事物的印象。生活中那些形象怪诞、缺乏审美价值的对象或没有积极意义的事物，不应该让孩子学习模仿。

无论由谁来决定玩具的制作方案，构思者都要做到制作玩具时既考虑制作目的的实现，又要符合孩子的实际水平；既要考虑到提高孩子制作的兴趣，又要能起到促进孩子发展的作用。使制作玩具的活动富有知识性、教育性、趣味性，并使之融为一体。例如制作玩具"豌豆公主"，在这一设计的实现过程中，孩子不仅了解除了安徒生童话"豌豆公主"的内容梗概，丰富孩子的童话知识，而且通过用与他拇指大小的豌豆制作玩具，培养了精细、认真的制作态度，同时为开展表演游戏亲自准备了精巧的游戏工具。

总之，制作玩具的构思应该以孩子为主体，以家长为主导来设计制作什么、怎样制作，以充分发挥孩子与家长的主动性和积极性。

2. 选材。

选材是玩具制作过程的环节之一。在确定了制作什么玩具和怎样制作之后，选择就成了关键。基本原则有以下五条：

首先，选择安全、无毒、卫生的材料。

其次，选择丰富多样的材料。

第三，应本着勤俭节约的原则，多选用废旧材料，闲置物品和自然原材料。

第四，应根据预备要制作的玩具的特征来选择材料，以保证制作时材料丰富充足，可供挑选，使玩具形象更完善，色彩更逼真，更能引起孩子游戏的欲望和兴趣。同时选择的材料符合要制作的玩具的特征，可降低制作时的难度，缩短制作时间。例如，要制作树叶小猫，根据小猫的脸形特点，可以选择一瓣形体完好的焦黄的梧桐树叶，只要剪掉树叶中间的一个尖角，贴上小猫的五官即成。若选择杨树叶、柳树叶或芭蕉叶等，制作起来麻烦得多，即使做出，玩具的外形也会大异于猫的原形，因杨树叶、柳树叶等其形与色与猫的表面特征相差甚远。

有些材料在制作玩具时可采用想象法来选用，如同制作根雕作品一样，先依材料之形，想象它与生活中其他事物的相似之处，再作定向加工，制成自己所想象出的事物的形象。想象法是以材料与某物之间存在有相似的形体特征为基础的。

第五，当孩子需要制作某件玩具时，家长应帮助他们自己选择适宜的材料，培养孩子按自己的意愿独立选材的习惯和能力。

3. 加工。

玩具的加工就是将零散的材料组接、整合为一个合乎构思中玩具形象的过程。加工玩具的第一道工序就是对选来的材料进行清洗和消毒，然后按照构思，用各种工具对不同的材料进行拼合、粘贴、剪接、安装，使之成为一个好玩的玩具。例如用马铃薯制作印章，首先是把马铃薯清洗干净，然后根据设计的印章图案用小刀将马铃薯切成两半（竖切、横切、斜切……），最后用小刀在马铃薯的剖面上雕出图案，图面风干后，可蘸印泥揿印，现出图案。这就是印章图案的制作与玩的过程，不同的材料，加工过程也不尽相同，有的较简单，有的较复杂。如"轮船""豌豆公主"的加工就较复杂。

当孩子在学习加工制作玩具时，家长要教给孩子制作的正确工序，同时，加工成的玩具必须结实耐玩。有些玩具加工得非常漂亮，但经不起孩子的玩耍，影响孩子游戏的兴趣。因此，结实、耐玩与美观应在加工过程中统一起来。

加工过程中的另一个重要问题是加工的安全性和卫生方面的问题。在加工的材料和工具中，剪、刀、针、钉等锋利的物品，经常用到。在使用这类加工材料和加工工具时，家长应特别提醒孩子注意，并手把手地教给他怎样使用工具。孩子年龄太小还不能使用这些物品时，家长可"包办"加工，以免损伤孩子的机体。加工制作过程中，也应注意讲究卫生，告诉孩子加工的工具不能放在嘴里咬。加工完后应用肥皂洗手，加工成的玩具也应干净卫生。

孩子在加工玩具时，家长不应该撒手不管或全盘包办代替。在必要的情况下应给予技术和技巧上的引导和帮助。若孩子年龄较小，能力较弱，玩具的加工可以家长为主，孩子可以进行一些辅助性的加工工作。

随着孩子年龄的增长，加工过程应逐渐过渡到以孩子为主。家长应从亲自加工逐渐过渡到对难点的加工，最后过渡到对难点进行语言指导，以培养孩子的独创精神。

在加工材料的过程中，家长还能培养孩子多种好习惯、好品德，如勤俭节约，家长自己在加工过程中带头爱惜材料，讲究加工场地的干净、整洁，不乱丢放加工物品和加工后的残物等，对孩子起到以身示范、潜移默化的作用。这能使孩子在不知不觉中学会养成爱整洁、爱惜材料的好品德。

4. 修饰。

修饰就是对加工制作玩具的不完善的地方进行外观修整和补充装饰，使玩具的形体更趋完美。

玩具的外观修整工作包括剪掉线头、去掉毛边，修改制作不合理、不美观的地方等等。如长毛猫咪的眼睛钉歪了，加以纠正；小兔的尾巴做长了，剪去一截。这样可使得玩具显得整洁、美观、形象。家长应指导孩子自己检查修整制作的玩具。

玩具的外表补充装饰工作实际上就是"添枝加叶"的工作。即对加工成形之后的玩具尚存的不足之处，通过添置一些附加物来修饰它，使之更漂亮，更有趣味，使形象更生动，更富有表现力。例如用塑料瓶做好了一头可以摇头的大象，做好之后发现：如果给象鼻子装上一个小铃铛，使它摇头时可以发出清脆的铃声，就更有趣味了。那么就绪大象补充装饰一个小铃铛，又如给做好的布娃娃添加一顶小红帽，给投物盒附加一条彩带等等，都是为了使玩具制作更加生动、美丽、好玩。

对玩具外表的补充装饰工作一般是指构思制作之外的活动，是设计时没有考虑到而又有必要进行的工作。设计之内的修饰工作应在加工过程中完成。

给玩具装饰补充附加色彩，也属于补充装饰工作。如在玩具做好之后，发现里面或背面等没涂色彩的部分显露出来，影响了美观，则需要补涂色彩。一个玩具制成后，如给它添加几条恰当的彩色线条，花纹会更漂亮，则可对它进行色彩修饰。

修饰工作也应该有一定的限度，只有适当的修饰，才能使玩具增光添彩，否则就会弄巧成拙，反而不美。

第一，不必过分要求豪华漂亮，也不必过分精雕细刻。如果把玩具修饰到舍不得玩的程度，则会使玩具失去可玩和好玩的特点，孩子的游戏活动也会受到玩具的限制。

第二，在修饰玩具时要注意物体自然色彩的美，不要一律的用人工彩色去掩盖物体的自然之色。

第三，并不是每件加工成形的玩具都要经过精心修饰，千篇一律反而会使玩具不具有魅力。有些玩具粗糙一些更显得独具特色和饶有趣味，所以修饰时不一定要使它们太整齐、太光滑、太规则。这要依具体玩具而定。

第四，修饰玩具时不要附加过多的饰物，以免使玩具显得臃肿、累赘。

第三节　玩具的使用、修理与保管

一、玩具的使用

1. 让孩子了解玩具的结构和性能。

在使用玩具之前，家长应该让孩子了解各类玩具的结构和性能。由于玩具的制作材料和组合方式不同，因而其结构和性能也各有差异。只有认识了玩具的性能和结构的不同之处，才能正确地更好地使用玩具，充分利用玩具开启智力、培养技能的功用，还能延长玩具的使用寿命。例如，金属玩具大部分是铁质玩具，其内部结构沾水之后不易擦干，易生锈，有些金属玩具也易摔坏。因此，此类玩具清洁、消毒时不宜浸泡。塑料玩具中，硬塑类玩具极易摔坏和断裂，1～2岁的孩子应少玩。软塑类玩具消毒之后不宜在阳光下暴晒，以防变形。布质玩具易脏，应该常清洗且晒干。纸质玩具易脏不能清洗，脏后必须更换，不能续用。机动玩具的发条不宜上得太紧。充气玩具不能充气太足。毛绒玩具易脏，毛绒易结团，应经常清洗，在玩具水干八成时，可用梳子将毛绒梳整齐。电动玩具用后，电池不取出，时间长了，电池液体会渗出腐蚀玩具。

2. 让孩子成为使用玩具的主人。

孩子应该成为使用玩具的主人，是说孩子对玩具应该独立操作，自主地使用，让孩子能随心所欲地支配玩具。以利于孩子的心理、能力自

由地发展。若让孩子被玩具牵着玩，让孩子被玩具的规定程序所限制，不能激发孩子的主观能动性，那么孩子会变得呆板，缺乏敢想敢为的创造精神。因而在使用玩具时，家长应该让孩子自由玩耍，不要使用种种手段限制孩子的玩法。如果孩子有一天能独出心裁地发明一种新的玩法，家长应表示高兴并及时给予鼓励。

3. 家长尽可能参与玩具的使用。

玩具是孩子的，也应该是家长的。家长和孩子共同使用玩具，才能提高玩具的使用率。孩子和家长一起使用玩具时，孩子的兴趣浓些，热情更高些，游戏时间也持续得更久些，因为孩子多了个玩伴，有了一个竞争对手。魔靶是件很好的玩具，当孩子一人玩耍时，它一次最多不过被使用10分钟，慢慢的，孩子玩它的时间逐渐减少，有时一连几天魔靶无人问津。当家长和孩子一块玩时，那种输了自己被刮鼻子、赢了能刮爸爸妈妈鼻子的兴致一直很高，玩的过程中他兴高采烈，也非常认真。总想当赢家的念头始终驱使他努力操作，积极活动，这样就使玩具的各种功能得到了充分的挖掘和利用。同时在共同使用玩具的过程中，家长能发现孩子不正当的玩法并及时给予纠正，指导他正确地使用玩具。

一个新玩具出现后，起初，孩子不会使用，家长就必须参与使用。家长需向孩子介绍玩具，让孩子对它有个初步的了解，教会孩子如何使用它。介绍时应首先告诉孩子玩具的名称和特点；其次，是通过亲自示范让孩子了解新玩具的使用方法；最后让孩子在家长的指导下使用玩具。当孩子掌握了使用方法之后，家长还应以言语引导他，根据玩具的性能，创造新的使用方法，以培养孩子的探索精神。

4. 爱护玩具也是为了更好地使用玩具。

爱护玩具，包括使用时对玩具不摔打，不乱丢，做到轻拿轻放，使用后还要会收捡和整理玩具。如收拾玩具时，可让孩子学会按玩具的相关类别，分类收拾、整理。爱护玩具是孩子的一种良好品德表现，归类收拾整理是孩子必须具备的一种技能。因此，在玩具的使用活动中，家长可通过自己的爱护行为或游戏方式，教孩子爱护玩具，让孩子懂得只有爱护玩具，才能延长玩具的使用寿命，使游戏玩之有物。

二、玩具的保管与修理

孩子是玩具的主人，也应该是玩具的保管者。让孩子参加一定的保管工作，可以培养他们收拾玩具的习惯和认真管理玩具的习惯。

习惯是一种自动化了的行为或动作，它的形成需要长时期的努力。有些成人用过的东西，常常不知扔到什么地方去了，寻找半天，才找着，这就是一种好习惯没有形成的表现。这种表现常使人的工作杂乱无章，没有头绪，也会使家庭生活缺乏条理。因此，家长们必须让孩子从小养成良好的保管玩具的习惯，养成收拾保管一切物品的习惯。为他们良好习惯的形成奠定基础，也为他们今后的生活、工作打下基础。

1. 最好有个玩具柜或玩具盒。

要孩子保管玩具，必须要有放玩具的柜或者箱。在一个家庭里，最好有个玩具柜（或者玩具盒），玩具柜的制作应考虑方便孩子的使用。孩子个子小，所以玩具柜的高低、大小、深浅都应与孩子的身长、手臂的长短相适应。给孩子玩具柜，让孩子有一个属于自己的"工具箱"，会增加孩子保管玩具的责任心，也给了孩子一个训练良好习惯的场所。

2. 玩具的整理、清洗与消毒。

玩具被使用之后，应有经常清洗与消毒的过程，特别是用嘴充气的玩具。每半月可定期清洗一次，每月应消毒一次。清洗之后可晒的玩具应放置在阳光下照晒，以使之干燥和杀菌。清洗玩具时可让孩子同父母一起清洗。清洗消毒的目的是消除隐藏和传染的病菌，保证孩子的身体健康。

每次玩过玩具之后，家长都应让孩子有充足的时间整理玩具。若孩子正在玩，家长们就催促说："饭做好了，快来吃饭！"或是"走，我们一起上公园玩去"等等，这样就会造成孩子养成邋遢习惯。正确的方法应是饭快做好之前，提前通知孩子快要吃饭了，让他有充足的时间去收拾整理好所玩的玩具。若孩子没有整理玩具，家长还应帮助和督促孩子整理好玩具之后再让孩子去做下一件事情。

3. 对玩具最好分类保管，编目使用。

玩具的种类很多，家里的玩具也是各种各样的。因此在玩具的保管工作中，最好对玩具实行分类保管，编目使用。也就是说，根据玩具的特点，把玩具分别归类，编制成目录（即图案或数字标记），然后贴在玩具柜的每一格上，供孩子保管收拾玩具时使用。对玩具进行分类保管和编目使用，能使玩具柜整齐、美观，也不会因玩具的堆放而使玩具之间相互缠绕，不易取放。另外对玩具进行分类保管还能培养孩子的分类、归类的能力，加深他们对玩具性能、质地、功能的深入了解和认识。3岁多的孩子，家长可以指导孩子自己对玩具进行编目和分类，3岁以内的孩子，家长应帮助他编目和分类，编目之后，应让孩子知道编目的好处以及保管玩具应该注意的问题。如大型玩具应放在"苹果标记"的格子中，积木类玩具应放在"宇宙飞船标记"的格子中，以此来培养孩子收拾和保管玩具的能力。让孩子学会生活条理化。

4. 玩具的修理。

修理玩具是保管好玩具的一项重要内容。修理玩具的活动能使孩子养成爱玩具，保护玩具的习惯，能培养孩子勤俭节约的习惯和动手动脑的能力，还能让孩子逐步掌握修理玩具的技能技巧。修理玩具前，应该让孩子自己去检查所有的玩具，将损坏了的玩具筛选出来，然后再根据玩具的结构、性能以及被损坏的具体地方进行修理。少量的、简单的修理工作可以由孩子独立完成，大量的、复杂的、技能性强的修理工作可以家长为主来进行修理。

修理工作主要是对已破损的玩具进行修理。玩具有些是摔坏的，有的是孩子"拆"坏的。对于孩子拆玩具这一行为，家长们应有正确的认识。大多数孩子拆卸玩具的行为都是一种探索行为的表现。他们拆的目的不是要将好的玩具变成坏的，并不属于破坏性行为，而是孩子好奇心和求知欲的表现。例如，电动玩具为何能够自己活动？布娃娃为何能眨眼睛？气球充气后为何能够变大？时钟为何能走动？为何能发出声响等等，这些现象对孩子来说是奇妙的。好奇的心理往往促使他们探索。探索的结果往往又造成"破坏性"行为的发生。有些破坏性行为确实属于有意地损坏，他们或是由于发脾气，或是由于不喜欢这件玩具而损坏玩具。家长对此应加以正确区别对待，不能一味加以指责和制止。不能因为孩子将高档玩具拆坏而让他屁股开花。对孩子的"破坏性"行为重在引导。引导的方法之一就是和孩子一起修理玩具。通过修理，帮助孩子了解玩具的结构、特点和性能。告诉他们什么玩具是可以拆散，什么玩具不能拆，修理玩具的过程正是孩子探究玩具奥秘的过程，家长与孩子一起修理，也是孩子增加认识的另一条途径。